XINSHIDAI
JIAOYU
CONGSHU

MING
XIAOZHANG
XILIE

名校长系列

新时代教育丛书

品质教育新视窗

杨　鹏◎著

北京出版集团
北京教育出版社

图书在版编目（CIP）数据

品质教育新视窗 / 杨鹏著. --北京：北京教育出
版社，2022.8
（新时代教育丛书. 名校长系列）
ISBN 978-7-5704-4752-7

Ⅰ. ①品… Ⅱ. ①杨… Ⅲ. ①教育研究—文集
Ⅳ. ①G40-03

中国版本图书馆 CIP 数据核字（2022）第 162328 号

新时代教育丛书　名校长系列
品质教育新视窗
杨　鹏　著
*
北京出版集团
北京教育出版社　出版
（北京北三环中路 6 号）
邮政编码：100120
网址：www. bph. com. cn
京版北教文化传媒股份有限公司总发行
全国各地书店经销
河北宝昌佳彩印刷有限公司印刷
*
720 mm×1 000 mm　16 开本　14 印张　194 千字
2022 年 8 月第 1 版　2022 年 8 月第 1 次印刷
ISBN 978-7-5704-4752-7
定价：68.00 元
版权所有　翻印必究
质量监督电话：(010)58572498　58572393
购书电话：13381217910　(010)58572911
北京教育出版社天猫旗舰店：https://bjjycbs. tmall. com

办好新时代教育

随着社会现代发展进程的推进，尤其是改革开放以来，中国教育事业加速发展，中国已建成世界最大规模的教育体系，教育总体发展水平进入世界中上行列，中国教育发展进入新时代，中国基础教育改革进入实质性的根本转型时期，处在一个走自主创新道路的关键转折点。

新时代呼唤新的教育。习近平总书记在全国教育大会上强调："立足基本国情，遵循教育规律，坚持改革创新。"面向未来的教育才有未来，新时代的教育，重在破解传统、旧有范式。基于此，面对新时代教育，与教育工作相关的所有主体都需要从思想和行动上做出努力和改变，并围绕主体价值、文化情境、智慧情怀、系统生态等关键词全面开展教育活动。

首先，新时代教育强调主体价值。

"教育同国家命运紧密相连"，点明了教育在国家建设和民族复兴中的地位和作用，强调了教育改革发展的价值取向，为我们今天准确把握办学的总体方向和人才培养的根本目标提供了思想遵循。

教育现代化的终极价值判断标准是人的发展，是人的解放和主体性的跃升。自古以来，中国的教育传统既强调教育的人文性，也强调教育的社会性，相应地，在人才培养目标上既强调完善自我，也强调服务社会和国家，更强调在服务社会和国家中达到自我的充分实现。新时代更要坚守教育本质，重视教育的价值观建设，坚持以社会主义核心价值观为引领，回答好"培养什么人、怎样培养人、为谁培养人"这些根本问题，从而培养有历史责任感、志存高远的时代新人。

其次，新时代教育强调文化情境。

学校不仅是传播知识、文化、智慧的地方，更是生产知识、文化、智慧的场所。学校无文化，则办学无活力。学校是文化传承的主阵地，学生文化、教师文化、课程文化、网络文化和制度文化等现代学校文化建设，引领了学校的发展，呈现了学校办学气质。

更重要的是，文化创设情境。"为学生一生发展奠基"，统整科学与人文，优化学生生存环境，借由"境中思""境中做""境中学"，实现学生主动学习与发展、个性化成长及德育渗透。

增进文化认同，是学校管理者的重要使命。政策制定者、执行者和教育管理者，一定要从为国家和民族培养优秀人才的角度关爱引导师生，让每位教育工作者深刻认识到"教育"二字蕴含的国家使命，真正将为国家和民族培养人才、培养爱国奉献的人才这一价值追求切实贯穿于办学育人全过程，一代一代坚持下去。

再次，新时代教育强调智慧情怀。

国之兴衰，系于教育。教育兴衰，系于教师。教育同国家的前途命运紧密相连。这当中，智慧型教师和教育家尤其为新时代教育所期待。他们目光远，不局限于学校和学生眼前的发展，而是着眼于未来；他们站位高，回归教育的本体，努力把握并尊重敬畏教育的共识、规律；他们姿态低，默默耕耘，淡泊明志，宁静致远；他们步伐实，总能紧紧围绕学生、教学、课程、教师发展等思考自己的职责和使命。

总而言之，教育家顺应时代潮流，立足现实，展望未来。在把握办学方向、把握时代脉搏的基础上，他们勇立潮头，担当时代先锋，他们对历史和未来负责，超越现实、超越时空、超越功利，用教育的力量塑造未来，解放学生的个性、想象力和创造力，共同推动和引领中国基础教育改革和创新，愿意为共同探索中国未来教育之道而做出巨大的努力。

最后，新时代教育强调系统生态。

观古今，知兴替，明得失。关于未来的认识是选择性的，未来"未"来，新时代的教育人需要根据某种线索去把握超出现在的想象并做出价值选择。这种价值选择的关键还在于，教育人真切明晰，未来学校是面向未来的学校，是为未来做准备的。教育中的新与旧、过去与未来，不是对立的，而是连续的，从而能够让教育者基于教育的本质和规律守正创新，坚守立德树人的初心。

各级各类学校之间是相互依赖的，单一的学校不能构建成一个完整教育系统，唯有每个学校都致力于体现自身的教育特性，努力实现自己所承担的教育任务，发挥出自己的教育作用，才能共同构成一个完整的教育系统。加强基础教育改革设计的整体性、系统性和长期性，把"办好每一所学校"作为基础教育改革发展的主要目标，是共同构建良性的教育生态，发挥整个教育系统功能的最优选择。

在这种情境下，"新时代教育丛书"的策划出版具备极强的现实意义。丛书通过考察和认识各地名校教育实践，寻找新时代教育的实践样本，清晰梳理了新时代教育中名校、名校长、名师、名班主任等的发展脉络，记录了新时代教育正在逐渐从被动依附性转向自主引导性，并在与现代技术的融合中彰显出其对于经济和社会生活的主导价值。

丛书提供了不同类型、不同地区的中小学名校、名校长及名师、名班主任在探索、构建新时代教育过程中鲜活的实践案例及创新理念。从中，可以看到有深厚历史积淀的传统名校，也可看到新时代教育发展浪潮中的新兴学校，其中有对外开放探索中国本土化教育的小学，也有站在教育改革潮头的中学；还可以看到开拓创新引领时代风气之先的名校校长、专注各自领域的优秀教师，以及新时代教育变革下的全国各地不同的班主任的德育之思。

更难能可贵的是，丛书不仅包括一般情境下的"案例"，也包括了特殊情境下的思考，不同系列注重了从"现象"到"本质"的过程，进而升华到方法论。丛书的每一本著作既是独立完整、自成体系的，也是相互呼应的，剖析问题深入透彻，对策和建议切实可行，弥补了教育理论和学校实践之间的差距，搭起了一座供全国教育研究者、学校管理者了解新时代教育及未来学校落地实践的桥梁。

未来学校不是对今天学校的推倒重来，而是对今天学校的逐步变革。这不仅仅是对学生提出的挑战，更是对学校发展建设提出的挑战。我们始终强调，理论不能彼此代替、相互移植，中国基础教育的改革与发展，必须靠中国的教育学家和广大教育工作者来研究和解释，从而构建立于世界之林的新时代中国基础教育的改革和发展的当代形态，实现理论创新和方法创新。

期待丛书能给更多的中小学校以启发，给教育工作者以有益的思考，供他们参考借鉴，帮助他们寻找到新时代教育的钥匙，进而在新时代教育的理论指导和教育改革实践带动下，因地制宜、因校制宜地落实到新时代教育工作中，引领学校新样态发展，助力更多学校在新时代背景、新教育形势下落地生花，实现特色、优质与转型发展，快速提升基础教育水平，推动教育改革发展，实现立德树人的根本任务，办好人民满意的教育。

新时代教育丛书编委会
2021 年 1 月

行走在品质教育的边上

　　岁月洪荒，转瞬已是天命之年。站在时光的山顶上，放眼近三十年的教育人生，我理解和倡导的品质教育如对面那座云遮雾绕的高山：解读它，总觉得自己理论肤浅；攀越它，总感叹自己始终行走在山脚。我索性将这些品质教育的思想碎片如瓦砾般堆放在教育这个露天广场上，看看是否可以引起人们的关注：教育原来也可以或者本来就该是这样！

　　我对品质教育的渴望与关注，很明显是受了读书经历的影响。我的成长经历曲折，求学道路坎坷。我小学就读于我们村里的教学点，在一个边远贫困的乡镇中学时断时续念完初中。在那个极贫极弱的乡村，在那个教育资源极度匮乏的年代，求学之艰难以言表，读书是一件十分奢侈的事情。正是这艰辛的求学路孕育了我朴素的品质教育观念：教育生态要优良，教育资源要均衡，教学水平要优质，教育机会要均等。教育改变命运，教育成就未来！

　　我对品质教育的探索与实践，主要发生在我任职校长的时期。我曾在三所学校任过校长，任过小学校长，也任过初中校长，在乡镇学校干过，也在城区学校干过。现在细想，我的校长任职生涯可以分成三个阶段，每个阶段都或多或少、自觉或不自觉地对品质教育进行了提炼与归结。

在永安乡完小任副校长主持学校工作时，我刚师范毕业一年，年仅二十一岁，那是我任职校长的首站，从此开启了我专职校长职业生涯的大门。那时的我年轻气盛，身上有使不完的劲儿，带领全体教职工搞学校建设，抓学校管理，提教育质量，学校各项工作很快上了一个新台阶，当年荣获全县教育管理先进单位称号，我作为最年轻的"娃娃校长"在全县教育表彰大会上作经验交流发言。我在这所学校当了三年的校长，这是我校长任职生涯中的"成为期"，名义上"成为"了师生心目中的校长，也就是所谓的单位法人。我总结自己这期间是个"做事的校长"，事情做得多，但师生并不开心，教育并不幸福，我和那些初任校长的其他人一样，只是由工作推动着不停地往前走，我的教育事业少了点儿"盐"，没有多少快乐味道。好在这期间，我对品质教育有了些肤浅的认知，对学校为谁培养人，培养什么人，怎样培养人这些教育的基本问题有了些简单的思考和有益的追问。

我在教育学院进修，完成了人生的二次充电之后，因工作需要，组织安排我任永安教辅站站长兼永安乡中学校长。我第二次干起了校长这个老本行。为不负组织的重托和乡亲们的期盼，我组织全体教职工在学校实施了"大拆建、大整治、大提升"永安中学振兴复兴工程。通过大拆建，学校拆掉八栋木房，修建了四栋大楼，建成了田径场和百花岛，办学条件彻底改善。通过大整治，校风教风学风既清又正，学校管理远近闻名。通过大提升，教育质量连年攀高，办学水平日渐提升。六年间，一个偏远落后的农村学校摇身一变挤进了全县初中学校前列。这是我校长任职生涯中的"成长期"，这期间我的品质教育思想有了大致的结构框架，"让每一个人都读书，让每一个人都在好的条件下读书，让每一个人都把书读好"这些教育理念丰富了我的品质教育思想，"为人好，对人好，让人更好"诠释了我这一时期的办学主张，充实了我的品质教育精神。我总结自己在这期间是个"做人的校长"。教育是做人的事业，先做好人，再去做事，把人做好了，教育就成功了。

　　人生也许就是在不停地行走。到教育局工作不久，承蒙组织的信任，我再次踏上管理学校之路，任松桃民族寄宿制中学校长，继续校长生涯的旅程。在这所人们心中全县最好的中学里，我站在前任校长们垒起的高台上定下把学校办成"全县极品、全市珍品、全省上品"的三品目标，适时提出了"实施品质教育"这个办学主张，立志要让学生有品质、教师有品位、学校成品牌。七年时光，我们全体教职人员倾力打造了挂牌省一类示范性高中优质生源基地、市教育系统先进集体、省教师培训基地、市教育质量先进单位、市先进基层党组织这"五张名片"，实现了办学条件、师资水平、学校管理、教学质量、幸福指数"五项大提升"，松桃民族寄宿制中学如一面教育旗帜在苗乡上空高高飘扬。这是我校长任职生涯中的"成熟期"。我注重对校园文化进行研究、规划与构建，对教育的普惠性、人文性、公平性、科学性进行了系统研讨，特别是到教育部中学校长培训中心系统接受名校长培养教育后，我对品质教育思想进行了认真梳理，就品质教育理念的形成、核心构成要素、实施路径和办法进行了艰苦探索和精心实践，提炼出了我的教育思想：品质教育——每个人都高品质。品质教育在松桃民族寄宿制中学得以开花结果。我总结自己这期间是"做有思想的校长"，用教育思想引领学校发展，用校园文化滋养学校良好的教育生态，办学顺势而成，质量自然增长，师生和谐幸福，学校如春芽向阳而生，涌入教育这个春天，自成一道美丽的风景。

　　对品质教育的探索与实践，只有进行时没有完成时。在这条没人走过的路上，每走一步都如此艰难。好在不管在哪个地方，都有亲如兄弟姐妹的团队时时激励与敲打，我才从夜幕摸索中逐渐走向黎明。《品质教育新视窗》包含品质教育视角、品质教育印记、品质教育随感、品质教育实践、品质教育思想五部分共 59 篇文章，这些文章收录了我们对品质教育的理解、思考、实践与收获，表达了我们对优质教育的关注、热爱与渴望。今天能够面世，幸有领导关怀与支持，幸有同事理解与帮助，幸有亲人鼓励与建议，他们既是忠实的读者也是文章的作者，我只不过是提笔或者代言。我心里隐藏了对太多人的衷心感激，受限于篇幅，在此不能一一谢过，只有永远心怀感恩，不负遇见。

品质教育——每个人都高品质，是梦想，也是方向。我总是时刻告诫自己，坚守教育理想，不浮躁、不跟风，不断探索、不断进步，用一生所爱，一世真情，努力奋斗在品质教育的路上！

2022 年 3 月 12 日于松江河畔

目　录

第三篇　品质教育随感

第四篇　品质教育实践

第五篇　品质教育思想

第 一 篇
品质教育视角

名校长的教育观

在教育战线上摸爬滚打几十年，我始终追问：教育是什么？教育为什么？这两个问题是教育的核心本质，弄清楚它们才知道我们要干什么，怎么干，才能知道我们在教育的路上该怎么走。名校长应该办什么样的教育？实践与理论告诉我：办遵循规律的教育，办尊重人格的教育，办遵行成长的教育，办遵守和谐的教育。

办遵循规律的教育。我们经常看到一些违背教育规律的现象：幼儿园教小学知识，幼儿教育小学化；小学初中跳级读书，缩短学生学习年限，拔苗助长；不论寒假、暑假、周末，不分白天黑夜补课，挤占师生休息时间，甚至牺牲师生健康，疲劳作战；周考月考、日清月结，刷题作业，题海战术；拟定"一年见效，二年翻身"的教育质量大提高计划，多快好省大跃进；制定短期办成示范校名校的跨越式学校发展战略，超速发展。这些超前学习、过度学习、盲目乐观、脱离实际的现象都忽视了教育发展的基本规律。教育是科学，教育运作有规律，学校发展有规律，师生成长有规律。这就要求我们在办教育时一定要遵循教育规律，不能违背事物发展属性，不能急功近利追求快进高效，不能野蛮操作损害师生身心健康。校长要办遵循教育规律的教育。教育是慢的事业，需要回归本真，不忘初心。十年树木，百年树人。百年大计的教育急不得，慌不得。只有潜心耕耘，静待花开，才会桃李天下。

办尊重人格的教育。学校、教师、学生是构成教育的三大要素，其中教师和学生都是人，所以教育是关于人的事业。教育人和培养人是学校教育的出发点和终极目标。以人为本，目中有人，培养成人，才是教育的根本。教育其重大价值在育人，成人在成才之首，成人方成才。这就要求校长办教育把培养学生健全的人格、高尚的品格作为使命。在教育行动中，注重学校文化涵养，注重思品课程建设，注重德育活动实施，厚植学生爱国情怀，培育学生正确三观，培养学生良好操守和习惯。校长还要特别关心部分教师的精神世界，这些年，因一些外国垃圾文化的入侵，个别教师精神生活缺失，激情消减，梦想滑落。校长要想方设法减轻教师精神负担，创造良好的工作和生活环境，让教师安居乐教，呕心育人。教师是学生成人的引路人，教师的精神世界丰盈，学生的心灵世界才会健康。

办遵行成长的教育。曾经"考考考，教师的法宝；分分分，学生的命根"的应试教育，重视了学生的分数，轻视了学生的能力；重视了学生的智育，轻视了学生的德育，是功利教育，短视教育。教育部颁布的《义务教育质量评价指南》科学制定了教育质量评价体系，指导各学校端正办学思想，重新定义了以让学生健康成长为主要目标的新的教育质量观。教育质量多元评价，更加关注学生成长而不是成绩已成为广大教育工作者的共识。校长办教育不能只追求学生的成绩。没有成绩过不了今天，只有成绩一定到不了明天。在学校，学生要完成的是一段短跑，跑道很规则很固定，谁学习扎实，谁就是冠军。但进入社会后，学生要完成的是一场马拉松，跑道无边际且遥远，考验的是心智、耐力、素养，是学校考试不考的内容。这就要求学校更多地关注学生的成长，更多地关注学生思辨与选择能力的培养，更多地关注学生所学知识的运用，更多地关注学生实践与创造能力，更多地关注学生取得了多少进步。学校应当把学生成长作为办学成功的标志。只有学生成长了，教育才算成功了。

办遵守和谐的教育。和谐的教育要求师生身心健康和谐。生命安全是教育必须坚守的底线，学生身心健康是育人必须把控的原则，校长办学应始终绷紧安全教育这根弦，筑牢学校安全教育这个防护墙，为师生撑起健康平安这把保护伞。师生生命健康安全，心灵就会始终如沐春风，始终鲜活灿烂。和谐的教育要求师生关系和谐。校长办学需要营造校长与教师、教师与学生、教师与家长、师生与学校、家长与学校之间平等、团结、友爱、和谐的人际关系。人际关系和谐，人的心灵才会自由，人的心智才会丰富，教师才会乐教，学生才会乐学，家长才会乐送，教育才会让人觉得更加幸福和美好。和谐的教育要如和煦阳光。教育是太阳底下最光辉的事业。要让阳光普照校园，有阳光，校园便整洁大方，干净明亮；有阳光，校园便芳草清新，鲜花绽放；有阳光，校园便风清气正，乾坤朗朗。要让阳光温暖师生。教育是爱的事业。校长办学就是要让爱溢满教育的每个角落，教师爱教为荣，爱校如家，爱岗敬业，爱生如子，学生爱校如爱家，爱老师如父母，爱同学如兄弟姐妹，爱学习、爱运动、爱生活。校长是爱的发起者和传播者，始终对师生予以无限关爱，无限宽容，无限激励，学校就是一个温暖幸福的大家庭。

校长是舵手，学校教育关系无数孩子的前途和命运。以什么样的教育观去办什么样的教育是校长应该认真思考的大课题。办遵循规律的教育，办尊重人格的教育，办遵行成长的教育，办遵守和谐的教育，在教育功利化还存在的今天，需要校长有无限的静心、韧劲和定力。这是一个名校长应有的梦想，不管前路如何艰难与遥远，我都一直追寻在路上。

优秀校长身上的气场

校长是学校的组织者和领导者，校长是否优秀关系到一所学校的兴衰，甚至关系到一个地方的教育发展。优秀校长身上有哪些特质？优秀的校长肯定是德才兼备，有理想抱负、有高尚道德、有教育情怀、有开拓精神、有静心定力的，一定显现有"五气"。

一是有志气。在办学愿景上，优秀校长一定有把学校办成区域甚至是全国名校的梦想，一定有把学校办成某一领域示范学校或特色学校的强烈愿望。优秀校长有强大的感召力，会以美好的学校愿景来凝聚全体师生的精气神，使全体师生为同一个梦想心往一处想，劲儿往一处使。在个人成长上，优秀校长一定有成为名家的梦想，一定以为党育人、为国育才、办好人民满意的教育为价值追求，在教育教学及教育管理中不忘初心，不辱使命，精益求精，勤研苦攻。优秀校长的志气就是办好学校，造福师生，发展自己，引领时代，追求卓越。

二是有正气。学高为师，身正为范。其身正，不令则行；其身不正，虽令不从。校长应是学校正义的化身。优秀校长具有坚定的理想信念、优良的政治品质、高尚的道德情操、良好的行为习惯，在遵守国家法律法规，遵守地方规章制度，遵守师德师风上是全校师生的楷模，为大家所敬仰。优秀校长替正义发声，在学校组织与管理中秉持公平正义，不徇私枉法，不颠倒是非，不损公肥私，不任人唯亲，办事公道正派，为人正直善良，遇事处事勇于担当，敢于动真碰硬，善于伸张正义，身上有一股大义凛然的正气。

三是有才气。校长是教师的老师，是学校里的大先生，优秀校长要才华横溢。优秀校长的才气体现在个人能力上便是：丰富的办学思想，超前的战略眼光，先进的教育理念，科学的教育策略，优异的组织能力，高超的表达水平。优秀校长的才气体现在教育教学及管理中便是：思想工作是大家，教育管理是专家，上课评课是行家，读书写作是作家。优秀校长才华出众，人格魅力极强，是师生的偶像。

四是有锐气。校长是刀尖上的舞者，身上必须得有一股锐气。优秀校长要有锐意改革，开拓创新的勇气。教育需要不断革新，优秀校长需要在变化中创造新局。教育寻变的路上从来都不可能一帆风顺，会遇到很多阻力和压力，优秀校长要迎难而上，破局突围，才有可能取得教育改革的成功。优秀校长要有战胜困难，不怕挫折的勇气。学校发展和前进路上，会遇到很多难以想象的困难，会面临很多常人难以应付的艰辛，优秀校长不能临阵逃脱，需要奋勇向前，勇于挑战，排除万难，争取胜利。校长不好当，优秀校长更难当，优秀校长身上必须有股锐气，方能破冰出围，行稳致远。

五是有静气。学校需要安静的教育环境，教师需要安静地教书。优秀校长的重要使命就是要调适学校内部和外部育人环境。不要受功利教育的诱惑，不去做轰轰烈烈的表面文章，不去干人云亦云的事；要静心研究学校发展战略，确定了适合学校发展的方略要坚守前行，不朝三暮四瞎折腾。优秀校长要理顺学校管理及执行程序，少干些劳而无功、劳民伤财的事，少干些既不利于学校发展也不利于师生成长的面子工程。优秀校长要有临危不惧的定力，身上始终保持风吹不倒的定力，潜心做真教育、大教育、美教育。

优秀校长身上有了这"五气"，就有了大志向、大格局、大视野、大才华、大气度，优秀就变得名副其实，名不虚传。

校长既要架天线，又要接地气

专家教授的讲座，不管是谈高品质教师队伍建设、教学精细化管理，还是谈学校课程建设、学校课程培育，都有一个相同的特征：首先必须讲清楚在当前时期国家层面对这一领域有哪些指令性规定和指导性意见。这是国家层面的信号，我们要架天线才能听到国家层面的声音，知晓国家层面的信息，看清国家层面的画面，否则我们就没有方向，就像在暗夜里前行。

校长，要学会架天线。

架天线就是要了解党和国家的教育方针政策。要知道什么可为，什么不能为，在政策框架内按上级指导意见行动。任何事业的发展及成功都有鲜明的时代背景，政策文件是我们的行动指南，逆潮流而动注定会以失败告终。

架天线就是要遵循专家学者的教诲。专家学者处在学术研究的前沿，掌握每一领域发展的新动态，拥有每一领域的海量资源。与君一席话，胜读十年书。专家的一次讲座、一个点拨、一场指导会让我们拨雾见山、柳暗花明。以专家为师，就是与优秀共舞，就是与杰出为伴，有专家引领，名校长成长之路定会一帆风顺。

架天线就是要学习教育理论专著。在探索未知的路上从来没有捷径，但我们可以站在巨人的肩膀上眺望远方。读原著、悟原理、找路径是划船过江，肯定比我们摸着石头过河更高效、更快捷。对教育理论要往心里读，深里读，读懂悟通，如是，则可能水到渠成。

诚然，只架天线肯定是不够的。政策意见、专家引领、理论指导会让我们少走弯路，但路还是需要我们自己走，这就需要我们接地气。

接地气就是要因地制宜地去干。在探求教育改革和发展的路上，从来就没有一条放之四海皆准的经验可学，每一所学校都有其特殊情况，环境不同，师生各异。若不根据本地区本学校实际情况去推行一项教育改革，不管出发点如何，脱离了实际只会败得更快，输得更惨。

接地气就要紧紧依靠和相信广大教职工。校长能完成的是一所学校顶层设计的工作，每项工作的推动和落实都要靠全体教职工。走群众路线是我党的优良传统，从群众中来、到群众中去，人民群众才是真正的英雄。不要担心教职工完成不好，教师有的是智慧。不要怕失败，好事常多磨，辉煌往往来自磨炼，梅花香自苦寒来。

接地气就要凝聚家长与学生共识。课程的构建、教学的改革、管理的推动不是学校单方面的宣言，受益对象是学生和家长，所以要把家长和学生支持不支持、答应不答应作为我们行动的标尺。如果学校做一件事情，家长都不愿意，学生都不喜欢，老师也不支持，那不做也罢。

既要架天线又要接地气，既是原理，也是方法。用之则顺，用活则上下同心，左右结缘，无往而不利！

老师们最不喜欢的校长

我的工作室曾经找 5 000 名教师参与 "教师们最不喜欢的校长类型有哪些" 问卷调查，最终教师们选出了最不喜欢的五种类型的校长。

第一种是 "伪君子"。这类校长道貌岸然，表面上老实厚道、谦谦君子，实则虚伪圆滑、奸诈凶狠、小人作风。会上大谈廉洁自律，会后却违规违纪；嘴上常说淡泊名利，手上却与教师争名夺利；人前讲为人师表，人后则油头滑脑。这类校长经常强调忠诚老实，却总是欺上瞒下，满嘴仁义道德，满肚坏心烂肠。这类 "伪君子" 校长，为教师们最不喜欢之首，遭老师们痛恨。

第二种是 "假勤奋"。这类校长每天早上六点到校守在校门口 "迎接师生"，每天晚上十一点再离校，说是 "陪伴师生"。时常顶着星星上班，踩着月光回家。不论春夏秋冬，不管严寒酷暑，早读课班班巡堂，晚自习节节监督。学校事情无论大小事必躬亲，学校问题不管轻重都亲自处理，哪天不到学校，心里总是放心不下。时间一长，"三高" 上身，健康每况愈下。这类校长把时间和主要精力都放在了学校一些琐事小节上，把校长干成了保安和警察，至于学校发展、教师培养、教学质量提高、文化引领、作风建设这些关系到学校发展的大事要事，却没有高度重视，没有深入细致研究，心中无数，手上无策，措施乏力。教师跟着这类看似勤奋、实则平庸的 "假勤奋" 校长干，干不起劲，干不出彩，干着看不到希望，教师们不喜欢。

第三种是"水专家"。这类校长本来才疏学浅，但好为人师，在教师面前装教育行家，喜好搞所谓的推门听课。比如自己是语文专业，却常常要去听英语、数学、物理、化学等非本专业学科教师的课，听课后还要指导上课老师，总会说出个"一、二、三"，但因自己专业程度不高，就成了外行指导内行。这类校长爱在大会小会上讲几句，有时甚至长篇大论，以显示自己的专家水平，刷校长的存在感，但因水平有限，时常言之无物，让教师不知所云。教师从心里瞧不起这类校长，从骨子里不喜欢这类校长。

第四种是"笑面虎"。这类校长表面上经常与教师们打成一片，时时和教师们站在一起，见人总是面带微笑，看着好像和蔼可亲，实际上心胸狭窄，没有容人雅量。听到有人讲他坏话，看到有人做事对他有所冒犯，觉得哪个表现对他不忠诚，心里就耿耿于怀，就会暗地给人小鞋穿，寻找机会打击报复别人。这类校长短时间让教师看不到真面目，但天长日久，狐狸尾巴一旦露出来，教师们便会十分反感，并不喜欢。

第五种是"老好人"。这类校长就是人们常说的"好好先生"，没有原则，没有立场。不敢讲实话、真话，怕伤人得罪人，唯唯诺诺，没有魄力，不敢担当。实际上校长是学校主心骨，代表的是学校正义，主张的是全体师生的利益，肩膀上扛的是学校振兴责任，不是为了个人。如果校长当老好人，学校工作就无法正常推进，校长就会失职渎职，学校工作当然就搞不好。这种没有独立思想，不敢正视问题、困难，无法善作善为，缺乏责任担当的校长，教师们也不喜欢。

不做老师们不喜欢的校长，应当努力避免成为上述类型校长，争取做个师生又亲又敬的校长。

农村校长请多理解教师的苦

近段时间，"教育内卷""教师躺平""教师佛系"这些新词开始出现在网络上，个别教师不思进取，不去评职称、不想当领导、不爱管学生的"躺平"现象在个别学校有所展露。个别教师激情消退，竞争意识减弱，梦想凋零，专业成长受阻。我们注意到，网上有很多外围声音对"教师躺平""教师佛系"进行声讨，多有谴责之意，但教育内部教师呼声却有所同情，有同病相怜之感。教师是人类灵魂的工程师，育人灵魂者首先必须自己有积极上进的精气神，教师"躺平"与"佛系"和育人要求格格不入，这种思想滑坡虽然属于个例，但应引起我们高度重视。冷静下来，我们仔细思考，教师都受过高等教育，如不是生活所迫，谁不去追逐梦想？如不是万般无奈，谁愿自甘堕落？当我们深入了解教师，认真研究问题，才知道教师不求上进背后可能有下列苦衷，在那些经济落后、条件不好的地区，校长应多了解教师们的苦。

可能条件不好，生活很艰苦。在西部农村地区，教师的生活条件一般都不够好。有的是家庭出身不好，家境贫困，家庭负担重，刚上岗工资不高，生活压力大。有的教师工作环境不好，随着城镇化进程的加快，乡村学校生源锐减，学校投资相对不足，办学条件相对较差，尽管已经通路通水通电，但食宿条件还是很艰苦，特别是人烟稀少的村小和教学点，夜幕降临，孤独与寂寞袭来，年轻教师惴惴不安，逃避或远走成了他们心中唯一的念想。有的教师生活辛苦，买房买车、养儿育女、孝亲敬老、帮扶弟妹样样靠工资，巨额的车贷房贷和高额的生活开支早已使他们不堪重负。这些生活上的苦，没有经历过的人是体会不到的。我一直以为，没有解决教师温饱就去和教师谈格局、谈理想是奢侈的，也是无用的，能够选择在乡村教书对于一个大学生而言，其师德已经很高尚。幸福都是靠努力奋斗得来的。作为学校管理者，我们的责任就是要更多更好地创造良好的教育条件，哪怕很艰难，也要帮助教师过上幸福的生活。连起码的生活尊严都没有，去谈些高大上的东西，教师会觉得很荒唐。

可能任务繁重，工作很辛苦。两眼一睁忙到熄灯，这应该是教师工作时间长、工作累的真实描绘。有寄宿生住校的农村中小学，教师的工作是很难区分白天黑夜的，是很难有周末、假期的，几乎都是顶着星星上班，踩着月光回家。每天雷打不动地备课、上课和批改作业，每天必不可少的巡堂、检查和思想谈话，还有这样那样的检查要迎接，这样那样的资料要准备，这样那样的活动要开展，早已忙得晕头转向。如果当班主任，更有做不完的工作；如果在村小或教学点包班上课，一天下来早已累得头昏眼花。其他职业的工作是按时间完成的，员工每天八小时到岗就已经尽职尽责，超出了时间就是加班，是奉献。但教师不是，教师的工作是很难有时间限定的，哪怕是深夜，只要学校有点儿风吹草动，教师都得立刻到位，进行现场处理。有些学校因师资匮乏，一个教师上两个甚至三个班的主课，还要当班主任兼顾学校一些其他工作，工作量无限制加码，教师每天身心疲惫，苦不堪言。教师整天在忙碌里苦苦地支撑，心里只有学校和学生，哪还有闲暇来提及梦想？早已没了星星和月亮，哪里还有诗和远方？个别教师不追求进步，可能是教师太累需要休息。作为学校管理者要想方设法减轻教师工作负担，合理调动和配置学校人力资源，科学安排作息时间和工作任务，减少无效劳动和无价值的工作，让教师劳逸结合，工作高效。

可能恐慌焦虑，内心很痛苦。教师的焦虑主要来自以下四个方面：其一是学生安全的压力，整天提心吊胆担心学生出事，一旦学生出事，学校领导批评，家长围攻，上级问责，轻则处分降级少工资，重则工作难保。很多教师不想当班主任，不是怕工作任务重，而是现行的教育体制机制需改进，班主任待遇不高，责任不小，压力特大，只要出事，不管工作做得多到位，都会被追责，教师只好能推则推，当班主任其实很不情愿。所以有的教师只要当了班主任，便没了良好心态，每天吃不好睡不香，心理压力大。其二是教育质量压力。虽然都在强调不得把教学成绩作为主要指标评价教师，但实际上有的地方和学校，评价学校、教师主要还是看教学质量。教学质量不好除了影响教师评优、晋级、评职称，还随时可能被领导找去谈话，有时在大会小会上被公开点名批评，甚至会被调整工作岗位不再安排上课。这份思想负担如一块大石经常压在教师心上，让教师呼吸困难。其三是担忧切身利益。教师在评优、晋级、晋升、评职称等事关自身重大利益的竞争中，可能遇到学校不阳光的操作和不公平的对待，受到精神上的打击，教师看透了人情冷暖，对工作没了激情，对进取产生了失望，这些事会给教师留下心理阴影，让教师永难释怀。其四是人际关系不融洽，教师在工作中难免与学校领导、同事、学生及家长产生分歧，产生矛盾，未能及时消除误会、化解隔阂，会让教师心里很累。教师承受的这些压力，经历的这些事情，所积累的负面情绪未能得到及时疏导，成了教师心里永远的痛，这样的教师可能就开始选择自我放弃。作为学校管理者，要关注教师的心灵世界，要尊重和信任教师，要对教师无限关爱与包容。要注重教师压力削减，想方设法为教师排忧解难，让教师心灵丰富，精神昂扬，永远充满正能量。

可能病痛纠缠，身体受疾苦。教师身体亚健康、健康状况不好已成常态。长期的精神压力和工作重负，加上缺少时间锻炼让教师未老先衰。颈椎病、肩椎病、腰椎病等教师常见职业病，三高、心脑血管疾病、咽喉炎、关节炎等各种疾病缠身让教师很多时候都身不由己。个别教师到了一定年龄，因长期病痛，身体健康状况不佳，不再追求事业，选择让自己健康快乐活下去，对工作、职称等早已看淡，这可能就有了个别教师的所谓"佛系"。作为学校管理者的校长，要感同身受地去理解他们。校长要十分重视和关心教师的身体健康，要把对教师的减负与提神作为自己的重要使命。教育是持续发展的事业，打的是持久战，教师是排头兵。对教师而言，教书是教师的工作，时长是一生，校长不能在自己任期内把教师的健康消耗尽，学校要发展，教师身心健康才能拥有持续不尽的内在动力，工作才有拼劲儿，教学效果才会突出。

　　教师不求上进只是个例，其背后可能有很多难以言表的苦衷，这不是在找借口，是让更多的人了解事情的真相。对个别教师的不思进取，学校不妨多些理解少些傲慢，多些关爱少些偏见，多些宽容少些苛刻，多些激励少些责难，如此则校园天蓝水碧，教师神清气爽，师生风华正茂，教育勃勃生机。

今天我们应该做怎样的教师

教育是太阳底下最光辉的事业，教师是人类灵魂的工程师。教师职业的特殊性决定教师师德要高尚、业务要精良。新时期，教育正在发生日新月异的变化，我们应该怎样做教师？

做个有安全感的教师

教师的安全感来自生命安全。生命不保，不谈教育。生命安全的前提是身体健康，有副对联写得好：爱妻爱子爱家庭没有身体等于零，有权有钱有成功没有健康一场空。横批"健康无价"。健康无价，没有健康，不言幸福。教师要有安全感，首先要特别重视身体健康，校长对教师的身体健康要高度重视，教师对自己的身体健康要高度负责。

教师的安全感来自职业安全，这要求教师坚守师德底线，不踩规矩红线，不碰法律高压线。教师要严守职业道德规范，遵守国家法律法规和地方相关规定，不收红包、不去补课、不打学生、不骂家长，有事干，能干事，事干成，确保不出事！

教师的安全感来自家人安全，守好家庭伦理道德底线，相亲相爱，有个安全完整幸福的家。注重安全预警防范，重视居家出行安全，遵守交通法规和其他安全管理规定，确保日常生活不出事，年年岁岁，老幼平安！

好教师首先要有安全感，懂得用心去维护自己一生周全。

做个有责任感的教师

教师职业关系到千家万户的幸福，关系到国家的未来和民族的希望。教师使命光荣，责任重大。

人生三大教育幸事：能出生在一个重视教育的家庭，能在一所好的学校读书，能遇到一位好老师。一个学生只是学校学生的几千分之一，却是他家庭的百分之百。换位思考，如果你是学生的父母，你想要自己的孩子遇到什么样的老师，你就该去做这样的老师。

站在社会立场上理解教师的责任。教师职业的特殊性决定教师的特殊责任就是不可以混日子。你的手中掌握着无数孩子的前途和命运。无为即无功，无功即"有罪"，不好好教书就是教师的"最大罪过"。教育是行善，教师应该是学生一生的贵人！

优秀教师必须要有责任感，站在时代潮头，勇担教育责任，托举家庭希望，肩负祖国未来。

做个有奋斗感的教师

一个人在一个单位待得太久可能会形成底层思维，变得平凡和庸俗，教师尤其如此。一些教师不想晋升，不想当班主任，不想当领导，自我感觉良好，自我放弃，自愿做一个平庸教师，没有奋斗目标。这些教师是"奶头乐"的受害者。"奶头乐"恰似温水煮青蛙，会让人逐渐变得无能和麻木。这种教师拒绝学习、拒绝努力、拒绝思考、拒绝机会，甚至拒绝相信真相。这种教师不思改变，不求进取，忘了初心，每天吃着泡面笑得很开心，已经没有了奋斗的激情和力量。

其实，教师晋升通道有若干条，评优、晋级、职称晋升、评名师、评专家等都是晋升通道，不用关系、不用金钱、不用背景，只用心用情用力就能做到。

所以，要做个有奋斗感的教师。不相信起点、不相信年龄、不相信命运，只相信奋斗就会出奇迹！要远离负能量，永远正能量，要有空杯心态，时时归零，生命不息，奋斗不止。

做个有幸福感的教师

好学校必有好老师，好老师必然感觉幸福！好课看舒服、好班看快乐、好学校看幸福，幸福与否是衡量学校好坏的第一标准。幸福并非依靠金钱，金钱是幸福的基础，但幸福与金钱不是正比的关系。所以，要淡泊名利，要学会知足常乐！

教师提升幸福感的途径有很多。一是要拥有阳光心态。好心态换来好结果，坏情绪会带来坏结果。你若盛开，蝴蝶自来。不要抱怨，周围一切都是最好的风景，一切都是最好的安排。二是要拥有价值尊严，有想法、有做法、有说法的最好办法就是读书、上课、写作。一天不读书只有自己知道，但一年不读书别人就会知道。读书是高钙片，是化妆品，读有字书无字书，读纸质书电子书，只要有书读，做人就幸福。上课是教师成才的敲门砖，能做到每个月上一节优质课，假以时日就一定是业内高手。写作是老师成名成家的垫脚石，不怕写，坚持写，天长日久你就是奇迹！

我不是演说家，只是你的一个旅伴而已。你向我问路，我指向前方。我不好为人师，只是行走在教育的路上感恩与你遇见，和你分享我对教育及教师最朴素的感情。只希望这次交流后，你从此自成风景，每天和快乐相拥，一生与幸福相伴！

做个有品位的教师

我曾把名校总结为三句话：学生有品质，教师有品位，学校成品牌。在我心里，名校首先是教师有品位，如果没有有品位的教师，有品质的学生就不存在，有品牌的学校更不会存在。

何为有品位的教师？在我看来至少应该有以下几个方面：

有品位的教师应该是人品上有品位。讲政治，以为党育人，为国育才，办人民满意的教育为自身的价值使命和人生追求；讲正气，具有高尚的道德情操，为人正直，做事公道正派，遵守国家法律法规，不做违法乱纪的事，严守教师职业道德规范，教书育人，为人师表；讲大局，能分清公私，顾全大局，时刻以集体利益为重，不自私自利，尽己之力作贡献；讲团结，维护学校集体决定，团结同事，不投机取巧，不搬弄是非，不搞帮派圈子，不阳奉阴违；讲爱心，对学生关爱有加，对家长仁爱有度，对同事友爱无穷，对学校大爱无边。

有品位的教师应该是业务上有品位。有梦想，在教育教学的路上始终不忘初心，锐意革新，积极进取，争当教坛新星、骨干教师、教育名师、资深专家，直至退休依旧保持旺盛精力和爱教精神；有情怀，把单位当家，把学生当子，把教育学生当成自己的神圣使命，把办好学校当成自己的人生追求，用竭诚之心为学校发展立功；有水平，不甘落后，锐意进取，始终追求卓越，不论上哪一班，都能上好，不管做哪一样，都能做出彩，在单位成为业务上的行家里手，人们都会说，是个很优秀的教师！

有品位的教师应该是生活上有品位。穿着上有讲究，每天上班都收拾得干干净净，整整洁洁，可以不化妆，可以不染发，可以不求时尚不穿品牌，但不管站在哪里都是知识分子风度。行为上很文明，身上有现代人的文明素养，不会讲脏话粗话，不会在公众场所抽烟，不会乱扔垃圾，更不会随地吐痰；在人多的地方知道排队，在人挤的地方会让老人、妇女、儿童先行，聊天群里有人打招呼会及时回复并说声谢谢。生活上有格调，在任何时候都有积极向上的心态，不愤恨世俗，不怨天尤人，充满正能量。可以在朝阳下读书，可以在晚霞里喝茶，可以在山路上徒步。

做个有品位的教师，在社会上是别人的良师益友，在家里是亲人的温暖依靠，在学校是一个有品位的、脱离了低级趣味的、可爱的人。

做一名纯粹的教师

我曾发表一篇名为《别叫我老师》的文章，讲述了当年在应试教育指挥棒的指挥下，一位教师为追求所谓的升学率采用灰色手段伤害学生的故事，记录了一位人民教师对教育功利性的解剖与自我反省，还原了一位人民教师在正与误中长期挣扎的心路历程。文章发表后，阅读量猛增，我收到很多读者留言："真实的教育故事背后带给我们思索，山村教育改革需要更多勇于探索的人去实践！""写得挺感人的，一看就知道是真实的，老师的内疚也是发自内心的，谢谢老师！"……

我将文章分享到朋友圈，众多朋友点赞评论："一直没有叫你老师，认识你的时候都是叫你校长！""人物需要发现，人才需要培养，人手需要实操。""杨校，厚积薄发，向您学习！""读了一遍，想着不过瘾，又细细再看了一遍，深思了几遍，感动了无数遍……想到我自己也曾冤枉过学生，也有后悔不已的经历，很多都需要反思和改变。杨校，你文笔太好了！""你似乎不像老师，不像名校长，更像是一个知道如何在黄土地里种红薯，然后粉碎成沫，沉淀成粉，加工成形，烹成美食，让人食后余味无穷的工匠！为你点赞！""读杨校长的文章，每次感受都不一样！"……

很多读者转发到自己的朋友圈，其中一位检察长转发时评论："为名师杨鹏点赞！有血有肉有灵魂的教师，就应该有这样的情怀！"一位同事转发朋友圈时引言："读他人教育故事，反思自己教育经历，提升教师教育高度！"一位教师朋友在转发中说道："教坛十几载，风雨兼程。这些年身边屡见不鲜的是教师为了能在考试中脱颖而出而想方设法，甚至忘了自己教书育人的初衷。幸运的是，自己从未被功利蒙蔽双眼，并没有跳进那个教育乱象大染缸。一步一个脚印蹒跚而行，虽然举步维艰，但心中无比坦荡。每每收到学生的问候，听到家长的肯定，看到学生崇拜的眼神，心中仍然激动无比。我想说的是，我骄傲，我是一名纯粹的教师！且只想做一名纯粹的教师！"

很喜欢教师朋友这句"做一名纯粹的教师"。

做一名没有教育功利的纯粹的教师，很好！

这类教师胸中有教育信念，为党育人，为国育才；心中有教育情怀，爱学校、爱同事、爱学生、爱工作；眼中有教育灵光，有灵性、有阳光、有朝气、有激情、有办法；手中有教育戒尺，能揭短、愿批评、敢教导、肯负责。单纯地教书育人，不为分数绞尽脑汁，坚守教育初心，不急功近利，肩负教育使命，不虚度无为。不为职称名利而神伤，平心静气地读书，安静愉悦地教书，不钻营投机取巧，不争名夺利，和阳光同时升起陪学生晨读，与月光一路洒落伴学生自习，干自己热爱的工作，做自己喜欢的且有价值的事，安安静静地教书，做一个在桃花源里育桃种李的园丁，静候瓜熟蒂落，满怀信心期待！

做一名纯粹的教师，好难！

难在有时候我们真的不能置身事外。在以升学率为主要指标的考核评价体系下，教育质量评价唯分数论。分数是永远套在教师们头上的精神枷锁，也是让师生身心疲惫的挥之不去的噩梦。评优、晋级、评职称是教师价值晋升的唯一通道，教师只是一份职业，是一份普通的工作，教师不是神而是人，教师上有老下有小，也需要养家糊口，也需要买房买车，指挥棒指挥到哪里教师就会打到哪里，想要教师超凡脱俗，淡泊名利，不食人间烟火，既不现实也非人道。

做一名纯粹的教师，好难！

难在今天教师工作有时真的有不可承受之重。没在基层学校工作过的人不了解一线教师之苦。教书育人是教师本职工作，这是职责也是主业，教师对主业主责都会尽心尽责。但在学校里，安全、禁毒、防疫、创卫、扶贫等凡与学校有关联的工作都要教师去做，有的学校工作上的形式主义使教师准备大量迎检资料，要填写各类表格，要上交各种计划方案，种种繁多规定，时时文山会海，处处考核评比，样样进校园，教师在艰苦劳作中重复着大量无用的工作，身心疲惫，忘了诗与远方。想做一名纯粹的教师，却只能讲一句：永远在路上！

好在国家已经发现并高度重视这些问题。最近教育部等六部委出台了《义务教育质量评价指南》，制定"双减""五加二"等相关实施办法，强调要坚决克服唯分数、唯升学倾向，不给学校下达升学指标，不单纯以升学率评价学校、校长和教师，不办重点学校等相关意见，各地开始清理非教学任务，切实减轻教师非教学负担。学校办学强调德育为首，五育并举，全面实施素质教育，促进全体学生全面发展，教育在逐渐恢复应有的良性生态。

教育需要有信念，教师需要有梦想。"纯粹"是一名优秀教师最底色的基因，不管教育环境有多么艰难，不论教育际遇是如何糟糕，教师都要心存善念，坚守初心。教师都永远要心怀梦想，为党育好人，为国育好才。总要尽己之力，一路问计，一路践行，一路歌唱，一路呵护芳草花开，一路欣赏桃李天下！

做个"四兼顾"的好老师

几十年的教书生涯，让我逐渐明白，教书是事业，更是职业，教师工作很神圣，也很普通，除了教书育人之外，人生还有很多很重要的东西需要我们去眷顾，努力做"四兼顾"的好老师。

一是做个"爱校又顾家"的好老师。爱校如家是教师职业道德的基本要求，也是一个优秀教师应有的教育情怀。爱学校像爱家一样，作为一名优秀的人民教师，我们应说到做到也必须做到。我们经常看到有的老师，爱校胜过爱家，全身心扑在学校工作上，迎着星星上班，顶着月亮回家，工作成了他（她）的全部，屋里家务无人干，老人小孩无人照顾，学校工作非常出色，但家庭经营不好，教师本人及家人都觉得不幸福。要知道，家对于我们个人而言，说多么重要都不为过。家是我们人生的港湾，没有幸福的家我们将会永远漂泊。我们退休后有很长时间是在家里度过，我们的幸福感主要来源于家庭。事业要干好，家庭也要经营好，人生才算成功。所以，我们既要爱学校，又要兼顾家庭，做个"爱校又顾家"的好老师。

二是做个"爱生又顾子"的好老师。爱生如子，这是师德基本素养，更是教育的至高情怀。没有爱就没有教育，爱学生要像爱自己的孩子，这样的老师就是我们心目中的好老师。我们经常看到有的老师对班里的每个学生倾注了全部的爱，既关心学生学习，也关心学生生活，心思全在班里几十个学生身上，成绩考好了为学生高兴，品德变坏了为学生担心，学生就是他（她）心中的一切。在关爱学生的同时，我们也要关爱自己的孩子，有人讲，人生最大的失败是子女教育的失败。如果自己的孩子上学没人接送，衣食无人关心，习惯没人培养，成绩无人问津。久而久之，自己教的学生人人成才，自己的孩子却平庸无能，后半辈子都要为孩子操心。不管事业有多辉煌有多成功，子女教育的失败会是一生的伤痛。所以，在教好书育好人的同时，一定要花些时间和精力来教育好自己的孩子，做个"爱生又顾子"的好老师。

三是做个"爱拼又顾身"的好老师。爱岗敬业，就是要在教书育人工作岗位上兢兢业业，勤勤恳恳，拼搏奋斗。我们主张年轻人在事业上要拼搏进取，可有的教师老是在工作上硬拼，打消耗战，以牺牲时间和健康为代价来抓教学质量，搞得自己整天头昏眼花，寝食难安，才到中年，便各类疾病缠身，健康状况堪忧。俗话讲，留得青山在，不怕没柴烧。身体健康才能更好地服务教育，为国家做贡献；没有健康，何谈成功和幸福。所以，教师在工作中不用太拼命，要高度重视自己的身体健康，要想方设法抽出时间去锻炼身体，保重身体，做个"爱拼又顾身"的好老师。

四是做个"爱忙又顾闲"的好老师。有道是："两眼一睁，忙到熄灯。"这句话用来形容教师的工作繁忙再合适不过了。教师工作责任重、任务多、压力大，备课、上课、批改作业天天要做，谈话、填表、做资料时时在搞，考试、阅卷、教学研究样样要办，整天都有干不完的活。但教师一定要善于利用时间，要讲究方式方法，注重工作效率。一定要相信，并非教师越努力，学生素养就越好，也并非教师越勤奋，教学质量就越高。没有静下心来深度思考，没有闲暇时间来充电提升，凭苦干蛮干，一定效果不佳。所以，教师要学会忙里偷闲，要学会苦中作乐。在忘我工作的同时也要抽出时间来看看星星和月亮，想想诗和远方，做个"爱忙又顾闲"的好老师！

爱校如家，爱生如子、爱岗敬业、教书育人。站好教师岗，守好平常心，做好正常人。做个"四兼顾"的好老师！

在学校最让人瞧不起的"四种先生"

在学校，让师生及家长最瞧不起的四种老师，分别是思想有问题的"混账先生"、业务有问题的"冬烘先生"、态度有问题的"南郭先生"和立场有问题的"好好先生"。

"混账先生"让人瞧不起。这种教师突出表现在：一是不讲政治，在大原则、大是非面前站位不高，是非不分，不讲团结、不顾大局、不谈奉献，一切以自我为中心，甚至发表负面言论，经常传递负能量。二是不讲规矩，轻视国家法律法规，不知耻不知止，心里没有敬畏，常把纪律规矩抛在脑后，不守道德底线，乱踩规矩红线，甚至突破法律高压线。三是不讲师德，不能严守爱校如家、爱岗敬业、爱生如子、教书育人、为人师表这些教师基本的职业道德规范，利益心、名誉心重，诚实守信度差。

这种教师师德师风有问题，轻则违规违纪，重则违法犯罪，成了人民的罪人。这种教师有损人民教师的光辉形象，人们痛骂其为"混账先生"，最让师生及家长瞧不起。

"冬烘先生"让人瞧不起。"冬烘先生"语出《唐摭言》卷八："主司头脑太冬烘，错认颜标作鲁公。"意指昏庸浅陋的知识分子。这种教师师德师风没问题，也爱岗敬业，工作认真。但因专业素养不高，业务能力不强，上课搞得自己满头大汗，学生听得索然无味，教育学生缺少方式方法，语言没有说服力。虽然工作很努力，但教学效果不好，教学质量很差。因自己水平和能力有限，说话做事迂腐肤浅，在学校没有多大尊严，地位也不高，师生及家长都瞧不起。

"南郭先生"让人瞧不起。"南郭先生"这个典故为人们所熟知，意指那些在一个单位经常混日子不思进取、不努力工作的人。这类教师有的是因为上课是工作任务必须要完成，不然连课都不想上，干事总是例行公事，没有想法，不想创新，当一天和尚撞一天钟，教书也就是为了养家糊口，整天都是混日子；有的可能是在从业生涯中遭受过挫折和失败，似乎看透了，再没有梦想和追求，再没有冲动和激情，干任何事情都不在状态，不求有功，但求无过，得过且过。这类教师已经没了人民教师应有的精气神，身上传递的不再是积极的正能量，师生和家长都瞧不起。

"好好先生"让人瞧不起。所谓"好好先生"就是对什么都说"好"的人，这种教师一是没有原则立场，不分是非，见人说人话，见鬼说鬼话，不坚持正义。墙上芦苇，风吹两边倒；二是胆小怕事，说话做事唯唯诺诺，遇到坏事不敢讲真话直话，怕得罪人，经常把自己装扮成老好人。这种"好好先生"人们也看不起。

教师是人类灵魂的工程师。教师的特殊使命与责任要求教师要有光辉的形象和高尚的灵魂，这就需要我们不断修身养性，提高自己思想政治水平和专业素养。我们应当努力去做一名受人尊敬的人民教师，千万别去当这"四种先生"，让人瞧不起。

品牌学校有"五品"

　　品质教育致力于办品牌学校,育品质人才。我心目中的品牌学校至少应该具有"五品"。

　　第一,教育理念有品位。一所品牌学校在教育理念上应该是高品位。在党和国家教育方针的统领下,学校应立足自身办学优势,突显学校办学特色,确立先进办学理念。有品位的办学理念回答的是培养什么样的人,谁来培养人,怎样培养人的根本教育问题。品牌学校有品位的教育理念重点突现在四个方面:一是教育是致力于"四个满意"的教育。人民教育人民办,办好教育为人民。为人民服务是办教育的出发点和归宿。学校就是要致力办大品牌学校,育高品质人才,让当地百姓子女就读于家门口名校,接受高品质教育,让学生满意、教师满意、政府满意、人民满意。二是教育是着眼于"三个面向"的教育。一个国家一个地方的落后归根到底是文化的落后、教育的落后。越是落后的地方就越要办好教育。学校要克服信息相对封闭、经济相对落后、生源质量相对较差、办学条件相对薄弱等客观条件的制约,以大视野、大情怀、大气魄、大手笔,跳出小圈子,面向世界、面向现代化、面向未来办教育。三是教育是着重于"两个全部"的教育。教育就是着重于面向全部学生,不分地域、种族、性别、年龄、身体状况、智力差异都能同等对待,只是发展路径不同,但接受优质教育权利均等。教育同时强调要促进学生德、智、体、美、劳全面发展,身体与心理、知识与技能、情感态度与价值观和谐协同共进。四是教育是专注于"个体优质"的教育。教育因人而异，因材施教，追求"个体优质"。所培养的学生每一个人都能找到最好的适合其本身的发展区，成人成才，成为最好的自己，成为最优秀的个体。这四个方面是检验教育理念是否先进的基本标准，背离这些标准，学校办学理念就会出现偏差，教育就会走上歧途。品牌学校必须有高品位的教育理念支撑，没有先进的教育理念，学校办不好、办不强，学校也不可能成为品牌学校。

第二，办学条件有品格。品牌学校在办学条件上要满足以下几个方面：一是设施设备达标，按照国家学校建设相关标准，设施设备达到生均师均使用标准，校舍安全、美观、大方、实用。二是基本功能齐全，能满足各项教育功能，充分展示教育专业化、信息化、现代化。三是文化底蕴厚重，学校物质文化展示形象，精神文化展示精气神，制度文化彰显人文情怀，行为文化高尚文明，校园古朴端庄大气，师生神清气爽，学校步步是景，处处育人。四是校园美丽温暖。校园内融绿化、美化、净化、亮化于一体，集公园、花园、果园、学园于一身，花香袭人，书香浸润，墨香飘远，校园风清气正，温暖和谐，行走其间，如沐春风，人人神往，个个喜爱。办学条件有品格，最好最美的地方是学校，品牌学校才有好品相。

第三，教师素养有品味。品牌学校之名不在名楼而在名师。品牌学校必须有高品味教师。品味是一个人道德、情趣、学识、素养的集中体现，品牌学校要致力于打造高品味教师队伍。高品味教师其核心素养概括为具有高洁情怀、高尚品德、高深学识、高超技艺和高级趣味。高洁情怀包括爱党爱国，爱教爱校，爱师爱生；高尚品德包含遵纪守法，爱岗敬业，诚实守信，教书育人，为人师表；高深学识包含求知强烈，知识渊博，功底深厚，学习力强，教导有方；高超技艺指教学风格独特，方法独到，因材施教，循循善诱；高级趣味指不庸俗、不低媚，行为文明高雅，无不良爱好。高品味的教师是学校成为品牌的基石，学校应长期致力于师资队伍建设，通过走出去请进来，上挂职下锻炼，既拜师又带徒，内培训外打造等多措并举，把培养高品味教师作为学校发展战略来抓，把学校老师培养成名师、骨干教师，让学校拥有一支名家辈出，人尽其才的高素质的教师队伍。有了高品味的教师队伍，办成品牌学校指日可待。

第四，学校管理有品级。有品级的学校管理有以下几个关键词：一是法治。学校必须是依法治校，依法治教，文明、公平、公正根植于学校管理者灵魂，约束学校管理者遵纪守法，文明执法。二是科学。学校发展战略战术符合学校客观实际，学校管理措施制定科学合理，日常工作安排科学性、可操作性、人文性相统一。三是温暖。校园内办事阳光无阴暗角落，师生脸上阳光无忧愁，学校四处充满爱意和温情。四是幸福。师生在学校有归宿感、获得感、成就感、幸福感。教师以教书敬业为福，学生以学习进步为乐，师生爱校如爱家，喜欢学校，热爱学校。品牌学校的创建，关键来自于学校管理，管理是否有品级，关系品牌学校是否能产生，是否能长久。

第五，教育质量有品质。教育质量有品质应是教育评价科学，有品质的教育评价强调评价要素多元，评价方式客观，评价标准因人而异。教育评价是指挥棒，科学的教育评价促进学生全面发展，成人成才，师生共同进步，师生的素质全面提高。教育质量有品质应该是分数与能力并重，既抓考试分数也抓学生能力培养，强调形成学生核心素养，特别注重培养学生合作、探究能力，重视培养学生情感态度与正确的价值观，让学生身心健康，和谐发展。教育质量有品质要着重体现学生可持续发展。一个学段的教育对于学生的一生来说其实都只是一场短跑，人生道路很漫长，教育其实是一场马拉松，有品质的教育质量更注重学生持续发展的热情和耐力，让学生在今后的学习或工作中依旧保持对学习的热爱和对知识的敬仰，终生学习，始终成长，这才是教育质量有品质的真正意义。

教育理念有品位，办学条件有品格，教师素养有品味，学校管理有品级，教育质量有品质，这样的学校可算是品牌学校，这样的教育应该是品质教育。

也谈校园文化建设

万恒教授在给我们阐释"理清文化脉络"这个节点中讲到校园文化建设时，特别强调"禁止学校墙上到处都是花花绿绿的广告文化，学校文化应底蕴深厚，精神突显，大气质朴，厚重典雅"。万教授一语中的，既指出了当前校园文化建设之误区，也为我们今后校园文化建设指明了方向，值得我们认真总结和深刻反思。

当前学校校园文化建设主要存在以下问题：一是缺乏个性化。学校校园文化缺少整体性规划，部分乡镇学校以"三风一训"代替校园文化，未能彰显学校个性，无法提炼学校办学思想，无法展示学校精神风貌。其实每所学校因其发展历史不同，环境各异，其校园文化也应各有特色，而不是千篇一律。二是缺少厚重感。部分学校，不管是百年老校还是新校，看不到厚重的文化底蕴，感受不到庄严悠长的文化气息，校园文化建设没有清晰脉络，表达简单平淡，修个漂亮的大门，建个高档的田径场，教学楼取个高大上的名字就是校园文化，从学校师生的言行中体现不出学校内在的精气神。三是广告味太浓。学校墙上目之所及是些花里胡哨的喷绘广告，大到版面设计小到字体颜色都体现的是廉价感，到处都是宣传标语。这些问题主要是校长对校园文化建设缺乏深刻认识，没有认真去挖掘学校历史，没有认真去理顺学校文化脉络，没有认真去解读学校文化基因，没有系统地研究学校文化建设。

如何优化学校文化建设？我校于 2015 年开始在"校园文化中融入中华优秀传统文化"方面做了些有益探索。我们在学校物质文化建设中将德、善、仁、义等儒家文化精神集中建成"至善苑"，让师生耳濡目染；我们在学校精神文化建设中融入中华优秀传统文化，提炼"三风一训"展示学校精气神，让爱国、敬业、诚信、友善这些社会主义核心价值观时时入脑入心；我们在制度文化建设中始终坚持包容、激励、关爱、和谐原则，学校时时处处充满温情和关怀。我们积极将中华优秀传统文化融入学校各种主题教育活动中，学生在吸收中华五千年灿烂文明中弘扬中华优秀传统文化，理解学校文化内涵，认同学校价值取向，健康成长，成才成功。

四年的探索实践，一个处处彰显文化精神、步步展示文化美景的具有厚重文化底蕴、孕育积极向上精神风貌的校园文化建设雏形已形成。

学校教师最烦的形式主义

党风廉政建设深入纠正"四风"，坚决反对形式主义。但在学校，形式主义之风时有存在，学校教师最反感的形式主义有哪些？

可开可不开却常开久开的会议。学校领导怕承担贯彻落实会议文件精神不力的责任，常常以文山会海取印留痕的工作形式来证明此项工作正在扎实开展，这就有了会议中典型的形式主义。会议形式主义主要表现在：有的会议本来没有任何实质性会议内容非要坚持每周开一次，没有安排或解决任何具体问题；有的会议主要是安排工作，在工作群内发个通知就能办好的事情，非要通知全体教职工来现场开会；有的会议本来可以在很短时间内开完，但因学校领导不事先学习领会好文件和会议精神，开会时对上级文件原文宣读，几份文件必须逐一读完，占用大量时间，还有的领导老是爱在会上长篇大论，讲几个小时，语无伦次，言之无物，无节制拖延开会时间，短会开成长会，教师有口难言。学校教师最烦开这种没有实际意义的形式主义会议，既耽误了时间，也影响了心情。

人在心不在的上下班签到打卡。学校为加强内部管理，狠抓师德师风建设，严肃工作纪律，采用签到打卡制度来规范教师考勤，这在学校管理初级阶段是有用和无可厚非的。但有的学校，考勤制度不严格，上班打卡签到成了形式主义，主要体现在：代签无人核查，谁签都一样；

补签无人过问，早晚都一样；签到人不到，没签一个样；没有考核监督，签与不签一个样。这种没有实际作用的打卡签到，非但起不到约束教师上班纪律的作用，反而会影响学校规章制度的严肃性，教师最烦这种毫无意义又要每天担心惦记走程序的形式主义打卡签到。我一直以为，教育工作是一个良心活，学校绝大部分教师都是遵规守纪的，不按时上班是极少存在的。管理者应想方设法去解决这极少数人的思想问题，没有必要用签到打卡的监管方式来管理所有教职工。况且，一个学校如果要靠打卡、签到来维持教职工正常上下班，我想，这个学校肯定是走下坡路了。学校是一个靠内因驱动来实现教育成效的单位，让教师心甘情愿地来，呕心沥血地干，心想事成地走，教师对这个学校才有爱校如家的亲情，才有爱岗敬业的激情，才有为人师表的豪情，学校才是有温度的学校，教育才会是幸福的教育。

可有可无应付上级的常规检查。严格落实教学常规，规范教师教学行为，提高教育教学质量，这是学校教育管理的法宝。但在有的学校，教学常规成了应付上级检查的形式主义，突出体现在以下几个方面：一是不分对象的一律要求手写教案，这显然很不科学，教育技术发展到今天，现代信息技术已与教育手段高度融合，电子课件基本取代了手写教案。不分对象，特别是那些专家级别的教师，还要求花大量时间去抄教案应付检查，显然是浪费时间，为了应付上级检查，教师只得抽时间拿本参考教案不过脑子地照搬照抄，这对教师教育教学没有任何意义。二是要求教师必须听多少节课的听课记录。听课过程不监督，学期结束考核时教师找来别人的或几年前的听课记录抄抄完成任务，检查时一样过关，教师没有真正到教室听课，虚假的记录提高不了教师的业务水平。三是千篇一律的计划总结，年年上交检查，教师懒得重写，有的微调甚至不调，修改一下日期就上交，从无人过问。应付这些形式主义的检查，对教师没有任何促进和提升作用，教师怨声载道，因此管理者必须彻底整改。

爱做不做的调查测评投票。不知从何时起，有些部门老是爱拿些测评安排教师们做，并要求必须截图上交。教师本来就忙，为了完成任务，有时连题目都没看清楚胡乱点击答案截个图上交了事，这样的调查结论是否有参考性？有时候教师会接到一些投票任务，优秀评选都通过网上投票来决定，是否优秀其成果摆在那里，几时要靠拉人气来决定？这些形式主义的测评投票，本质上无任何工作价值，扰乱了教师的心绪，教师很反感。

　　教育是踏实的事业，虚晃不得，飘浮不得，应付不得。请学校管理者在工作中多些实际操作，少点形式主义，倡导实干之风，做出实际贡献！

怎样管好学生使用智能手机

曾在网上看到一篇文章《要想毁掉一个孩子就给他买一部手机》，上面列举有十多条学生使用智能手机的危害，我深有同感，真的是"机害猛于虎"。的确，学生使用智能手机常存在下列问题：一是影响学生视力；二是学生上网沉迷玩游戏睡不好觉进而影响学习；三是玩 QQ、微信在同学间易发早恋情况；四是学生对网上不健康信息、视频缺乏抵制能力，影响学生身心健康；五是学生用手机乱拍乱录照片视频，特别是暴力视频、不雅照片乱传乱发，会带来很大麻烦，等等。

为彻底治理"机害"，教育部出台了"五项管理"，就学生使用智能手机的问题进行了具体规定。"五项管理"的出台，为学校管理学生智能手机提供了政策依据，一些学校跟着出台了一系列禁止学生携带智能手机进校园的规定，政教、保卫、班主任不定期检查，发现便一律没收不退，有的甚至当场销毁，并对违纪学生进行严肃处理。通过学校高压手段强制治理，学生携带和校内使用手机现象似乎得到彻底治理，个别校长也多次鼓吹"治机"有方，有时还因此沾沾自喜！

聆听了田教授"数字化时代的课程教学变革"专题讲座，特别是讲到信息时代学生的素养中"与电子产品和谐相处是数字化时代的一项重要素养"以及学校实行"手机携带资格证"管理方法后，我沉默了。我开始冷静思考：我们如此简单粗暴地收缴手机其法规依据在哪儿？这与教育部"五项管理"是不是相违背，执行政策是不是有些过激？不让学生接触电子产品在这个"未来已来"的信息时代是否对学生有益？还有没有更人性、更科学的方法去管理学生携带和使用智能手机？

没收、销毁学生手机违法吗？答案是肯定的。从法律法规上讲，国家没有哪条法律法规规定不允许学生携带智能手机，也没有哪条法律法规授权教师收缴手机，手机属于私有财产，受法律保护，所以收缴和销毁学生手机，从法律上站不住脚，尽管出发点是好的，但做法是错误的。

不让学生使用手机是对学生负责吗？答案是否定的。泰戈尔有句名言："不要用自己的学识限制孩子，因为他出生在和你不同的时代。"今天是一个数字化时代、信息时代，是一个只要用一部手机就可走天下的时代。试想，如果我们培养的学生连基本的电子产品都不会使用，缺乏信息化时代最基本的收集和处理信息的方法和能力，我们是不是对学生欠下了一笔能力培养的债务？谁在信息化潮流中落伍，谁就会被时代所淘汰。家长可以不懂，教师可暂时不懂，校长必须深知信息技术教育的极端重要性，站在高处，思考教育如何面向现代化，面向世界，面向未来！

除了简单地收缴和控制学生使用手机，还有没有更科学的管理学生使用手机的方法？答案也是肯定的。办法总比困难多，认真思考后我们可以这样做：一是对学生使用手机知识进行普及教育，讲清手机对学生视力健康的影响，沉迷游戏的危害；二是对学生使用手机时间，使用软件立规矩，什么时候可看手机，不能用手机录发不良视频或发表不当言论等，都要有具体规定，并让学生签订手机使用承诺书，手机上课期间由班主任保管。三是根据学生使用手机表现，由班主任颁发"手机携带资格证"，使用期间没有违反学校手机使用相关规定的，下期续用，否则取消学生在校期间使用手机的资格。学校要在教育和管理中培养学生使用手机的良好习惯，让学生真正具有高度自律下的使用手机服务学习促进成长的能力。

学生使用手机本来是件好事情，学校该做的不是简单围堵，而是正面引导。只要管理科学，方法得当，学生就能与手机和谐相处，学生定会走向诗和远方！

用好教师的寒暑假

学校寒暑假是国家根据教育的内在发展规律，结合季节气候特征，考虑教育科学、教育管理、教育安全等因素而设定的让师生休息的法定特殊假期。其目的是让师生调养身心，储蓄能量，铆足精神，以更饱满的激情更昂扬的斗志投入新学期教育教学，进而取得更大的教育成效。然而，近些年，个别学校教师的寒暑假没有得到充分利用，寒暑假的功能未能得到充分发挥。

学校少组织教师寒暑假补课，留时间让教师们多读书

教育部每学年对开学和放假时间都有明文的指导性规定，但到个别地方，因落实上级文件精神有偏差，出台相关放假时间文件时，把放假时间理解为学校期末考试时间，考试结束后教师们还有阅卷、成绩统计、质量分析、期末总结、发放成绩单等大量工作，至少要一周才能完成，这样学校就推迟了一周时间才放寒暑假。个别学校为了追求所谓升学率，无视上级政策法规，初三、高三甚至小学六年级利用寒暑假补课。系统增加上课时间，缩短了教师们的寒暑假。教师本来可在寒暑假静下心来多读几本书，让自己知识更加渊博，心灵更加丰富，由于要给学生上课，所以只好放弃了。学校应少组织教师寒暑假补课，多留时间让教师去读书。

系统外少安排或不安排非教学任务，寒暑假组织教师多培训

为减轻教师非教育负担，教育部等部委专门出台相关文件对教师非教学任务予以清理和制止，有的省市也列出中小学教师减负清单，清单在规范督查检查评比考核事项、规范教师管理事项、规范教师非教学工作事项、规范社会事务进校园事项、规范相关资料报表填写事项等方面做出了具体规定。可是，这些规定到了基层就有可能被打折扣。个别基层部门，认为教师寒暑假没有具体工作，于是把一些本不属于教师工作范围内的任务也安排给教师，教师有苦难言。系统外非教育工作任务的安排，占用了教师们的寒暑假。教师本可以在本地或外地参加专业培训，让自己的政治素养和业务水平得到全面提高，进而更好地服务教育教学，但因没有时间，培训也就放弃了。

学校内部工作尽量科学合理，留给教师多点机会去旅行

有的学校工作安排不科学，教师寒暑假难安心。本来放假前便可召开的期末总结会要放假一周后再通知全体教职工来学校开会；本来发个会议内容通知即可安排教师完成任务的假期工作安排会，有的要通知全体教职工来学校现场开；本来可以开学了才召开的开学工作会，提前一周通知全体教职工来学校开；本来发个通知填个表就可办理完结的事情要通知全体教职工集中来校办理，并强调不来后果自负；本来在学期内可完成的工作放假了才安排；本来开学了才有的事情要假期来做。有的学校安排全体教职工寒暑假轮流值班守校，严寒酷暑，教师驱车几百公里就为了到学校去转转看看学校是否安全，门卫保安干的工作安排专业教师来做；有的学校开学前一周组织教职工搞所谓的集体备课，要教师几天内把一学期所授内容全部备结；有的学校组织全体教职工搞所谓假期大家访，表面热热闹闹，其实师生家长都怒不敢言。学校的形式主义花样搞得教师心神不宁。学校领导对全学年工作欠统筹规划，缺乏科学安排，纷乱的工作节奏让教师们难有一个安心的寒暑假。其实这些工作只要学校统筹安排好，就能给

教师留出足够的时间出门旅行。读万卷书不如行万里路，丰富教师的见识和阅历更能对教书育人起到促进作用。

教师的天职是教书育人。学校要静下来慢下来，教师需要安安静静地教书。学校要履行教育主体责任，落实"双减"政策，保护好风清气正的教育生态，切实减轻教师非教育负担，让教师履行主业主责，让教师依法享有正常的寒暑假，让教师该休息时好好休息，该工作时务力工作，守好教育这块净土！

用好教师寒暑假，让教师好好教书！

第二篇
品质教育印记

别叫我老师

我一直在打听有关陈思的消息，直到去年深秋，昔日的老同事来电告知，他已考上哈尔滨工业大学，我心中的愧疚才略有减轻。

陈思是我在高峰村小教书时的学生，家里虽穷，但人很聪明，学生称其为"陈满分"，我也常因此而骄傲。其实，不仅他出色，全班 34 人，除那个又黑又瘦的陈小娅有些"丑小鸭"的味道外，个个都是好样的。五年级期末统考，该班数学科平均分高达 91 分。这在镇上一时成了新闻。

不过，我并不因此而沾沾自喜。我深知，上级的肯定、社会的赞许绝不会光停留在你这点平均分上，关键还得看你这班今后能有几人考进镇上的中学。为此，我追求的目标是升学率要达 100%！

为了实现这一目标我使出了浑身解数。

但我还是放心不下那个陈小娅，担心她一旦失手，便毁了我那近乎完美的计划。于是，我找来自己的得意门生陈思面授机宜："陈小娅家里很穷，如果今年考不上，以后就再也没有机会读书了，老师希望你能在关键时刻帮帮她。"最后这句话我说得很慢很重，见陈思高兴地点头，我才放心地让他去了。我想，响鼓不用重锤敲，像陈思这等冰雪聪明的孩子，他应该听得出老师这话的弦外之音吧！

我静静地等待考场传来好消息……

考完那夜，月明风清，我班举行告别晚会。别看我平时一脸冷淡，真要与这些我心爱的孩子挥手，心头总是别有一番难受的滋味。但天下没有不散的筵席，晚会在一首《难忘今宵》中落下帷幕。我与同学们挥泪道珍重，临走时却听到陈小娅号啕大哭。当我得知她今天应用题全没做时，顿觉一阵心凉。

陈思忙跑过来想解释。我一见到他就血往上涌。我记得当时他只喊了声"杨老师"便被我一阵痛骂："别叫我老师，我没你这样的学生……"

过后，我隐隐觉得当时对他的态度有些过分。但我想，你陈思也太不像话了，老师平时待你不薄，你没钱上学，深圳爱地集团公司给我班唯一的贫困生捐助指标我都争取来给你，你吃不饱我也没少给你开小灶，但到关键时刻，你就不买老师的账啦！

这个假期，除陈小娅之外，其他同学都领到了录取通知书。那天，陈思到学校找我，向我索要深圳爱地集团公司的通信地址。我猜想，肯定是没钱上学又求我来了，你这知恩不报的小人！刹那间，我似乎看到了那个号啕大哭的陈小娅，顿时便没了好脸色，一气之下，冲口而出："你有事晓得找杨老师？不知道！"说完转身进屋。

后来，我得知他是一路哭着回去的，我不免有些后悔。仔细想来，他好像也没有什么不对，何况他还是个孩子。但这点儿悔意随着新学期的到来便慢慢淡忘了。

我继续挥舞教鞭在那个山村驱赶寂寞。一天，校长把我叫到他的办公室，递给我一个信封连声夸赞"干得好"。我一看他满脸的阳光就知道准是好事。取出一看，有两封信。一封是陈思给爱地集团公司去信的复印件，大意是说，他很感激爱地给他的帮助，他一定会好好学习的。同时他还说，他有一个好同学陈小娅家庭十分困难面临失学，他要求把捐助他的指标转给陈小娅。另一封信是爱地集团公司写给学校的。他们已决定再增加一个捐助指标给陈小娅并希望她好好学习。看完这些，我内心一阵翻江倒海，堂堂七尺之躯第一次当着人泪流满面。

我对自己当初的行为深深自责。我拷问自己，你怎么能用如此低劣的手段去摧残纯洁的灵魂？一段时间里，我脑海中时刻闪现两个孩子的泪水，它就像一锅沸腾的油，时刻煎炸着我，让我疼痛，让我悔恨。我不知道，那颗被我伤害的心灵能否重新站立起来。

次年春天，我出席了全县优秀教师表彰大会。接过那本鲜红的荣誉证书那一刻，我觉得它像一把沾满血腥的讽刺之剑，直刺我虚荣与功利的灵魂，让我伤痛无言。那是以升学考试为指挥棒的教育见证，这种教育的弊端不仅摧残了学生的心灵，同时也扭曲了教师的心灵。

后来，我调离了那所学校，又远离了那个小镇，一直没见过陈思。我只想告诉陈思，请像我当年骂你那样痛快地骂我一句"我没你这样的老师"吧！

别叫我老师，真的。这样，我或许会好受些。

本文发表于《教师博览》2003 年第 12 期

还是喜欢听你叫一声"张老师"

我的一篇教育故事文章《别叫我老师》发表后，我在教育学院进修时的班主任张老师转发了朋友圈，她在引言中写道："还是喜欢听你叫一声张老师！"我看到后非常激动，回复道："张老师，你是我一生的贵人，行走在教育的路上，您教导我，宽容我，原谅我，帮助我，关注我，支持我，师爱无边，此恩永铭，无以回报，唯有敬祝您身体健康，天天开心！"

张老师是我真正意义上的恩师！她的恩情我此生不忘。那是 1998 年秋，我到贵州教育学院进修，年轻貌美、德才兼备的张老师任我们九八级政经班班主任，我有幸成了张老师的学生。张老师心地善良，爱生如子，是我们既尊敬又喜欢的好老师。张老师对我的关爱不只是一个老师对学生的爱，张老师对我有再生父母的恩情。

那是一段不堪回首的往事。1998 年深秋，我正在教室里上课，传达室的老大爷忽然跑到我们班的教室门口叫我快去接电话，拿起电话，妻子告诉我，我母亲不行了，要我赶快回家。这消息如晴天霹雳，我一时六神无主。我知道可能是母亲心脏病又犯了，怕是逃不过这一劫。挂了电话，我跑到教室里给班长说了声"我家里有急事"，然后坐汽车一路辗转赶回家，我未能与母亲作最后的告别，而长兄此时还在医院陪父亲治病，真的是屋漏偏遭连夜雨，祸不单行。家里乱成了一团，我调整情绪，强打精神，艰难地给母亲办完了后事。

没了母亲，我一直情绪低落，不想再去上学，整天待在家里以泪洗面，感觉此生已经没了多大的意义。那时通讯不发达，不方便打电话，我也没给学校请假，一晃时间已过了整整半月，学校发来电报问询，我才回过神来。妻子还是劝告我要去学校一趟，就算不读了也应该给学校有个交代，我又才匆匆起程返回贵阳。

我到学校后得知，鉴于我不请假旷课已达半月之久，按照教育学院学生管理相关规定，系里要开除我。班主任张老师听闻我的情况后，安排班长找到我，要班长陪同我去她家一起吃饭。来到张老师家，我把家里情况一五一十地进行了说明，并告诉班主任，我还有三个妹妹在上学，父亲身体也不好，家里经济负担太重，我不想再读下去了。

张老师叹息地摇了摇头，剥了根香蕉递给我，耐心地开导我安慰我："杨鹏，不找你了解情况还真不知道你心里有多苦，现在情况清楚了，系里处分的事我去帮你说，去找领导把情况讲清楚，争取得到系里的宽大处理。书还是要继续读下去，你们都是高分考进来的，在职进修是国家拿钱供你们读书，不是每一个人都有这样的机会，也不是一生中还有这样的机会。困难和苦难都是暂时的，挺过去会慢慢变好，有什么特殊困难要经常和我讲，明天一定会更好，坚持读下去一定是胜利！"她还要求班长，要经常帮助我，和我多谈谈心，帮我渡过难关。

从张老师的家里走出来，秋日的阳光慈祥地洒落在我身上，让我感觉十分温暖。我来到正在施工的人民广场建筑工地，看到工人们汗流浃背地在工地上穿梭，高速运转的机器轰鸣声震耳欲聋，瞬间让我顿悟：成年人的字典里从来就没有"容易"二字，不经冬雪压，哪来百花开。我暗暗发誓：无论如何也要把书好好读下去，绝不辜负组织的培养和照顾，绝不辜负自己的青春年华，更不可辜负张老师的一片良苦用心！

风起的日子，我苦苦地煎熬。在老师和同学们的关心帮助下，我安静地读书和写作，最终以"三好学生"身份从教育学院进修毕业，从此便走上了教育教学管理岗位这条让我心甘情愿追梦的路。

我以为，爱是教育永恒的主题，教育的问题因有爱而无坚不摧。张老师对我这份无私无边的关爱如一盏明灯高悬在我的头上，默默地涵养了我爱岗敬业、教书育人、无私奉献的师德，深刻影响着我的教育思想和行动。多年来，不管是在教育管理岗位上还是在教书育人实践中，我都有"以人为本"的教育理念，面对那些"不听话的老师"或是所谓的"差生"，我始终像张老师一样不简单粗暴，耐心倾听他们的声音，细致了解他们的处境，倾心尽力为他们排忧解难，始终引导、理解、宽容、呵护，让他们走过心灵的沼泽，重拾进取的信念，走过茫茫雨夜，走向诗与远方。

我以为，教师的言行对育人的影响是巨大的、无形的，优秀教师"言为师表，行为世范"，这足以影响学生的一生。2020年秋，我在贵阳出差，听闻张老师生病，便与同是省级名校长的贵阳一中分校范校长相约一同前去看望。张老师喜出望外，谈及当年我们的九八级政经班，她说："你们这班出了十多位校长，还有几位是名校长！"话语中多有为我们成才而骄傲和自豪。我和她开玩笑："若非您当年救了我一命，不然贵州就少了个名校长。"她说："我都记不起有这件事，那也是一个班主任所做的常规工作，没想到你至今还'耿耿于怀'！"我们相视而笑，老师依旧如此低调！

因去得匆忙，路上无法停车，我没买什么礼物，空手看望老师总觉得不是学生所行之礼。临走时我送给张老师一个小红包以表达我的心意，几经劝阻，张老师推开我："你能来看望老师，我就已经很开心！我们教书育人，所做都是给予和付出，所行都是积福和积善，'授'比'受'好，谢谢你了！"恭敬不如从命，我只好收回了红包。

"授"比"受"好，给予比得到更有价值和意义。这是做教师达到一定境界后对教育的深刻领悟，回答的是一个有崇高师德的教师达到无我境界的教育哲学问题。教育其实质就是给予、付出和奉献！张老师的话总是那么发人深省，张老师的教育精神境界其实就是心中有爱、目中有生、手中有法、脑中无我！她对我的教育思想形成有着深远的影响！

做人做事做教育，张老师都是我的榜样，还是喜欢叫您一声"亲爱的张老师"！

我是你老师？好惭愧

　　我一直以为，行走在教育的路上，我算是一位十分称职的好老师，教书几十年，呕心沥血，兢兢业业，爱校如家，爱生如子，从不虚度，所带班级成绩都很好，对得起学生，总觉得做到了问心无愧。直到今年夏天，学校发生的一件事，给了我一个响亮的耳光，我才如梦初醒：我是你老师？好惭愧。

　　那是即将放暑假的最后一周星期五，我正在办公室处理文件，分管安全的副校长跑来向我报告，有人在学校超市闹事，不听劝阻，请示我是否报警处理？我在想，谁吃了豹子胆，法治社会，还敢来学校闹事？我得亲自去看看。

　　超市很热闹，门口堵了一群学生，一个家长披衣晒肚，摇头晃脑，纹了青龙图案的手里夹根烟，一副流氓地痞样。他正指着超市管理员破口大骂："看你把我怎么样，不给我个说法，老子今天把你摊子都锤了……"态度极端恶劣，气势十分吓人。

　　我走向前去警告他："我是校长，有什么事到我办公室去好好讲，这里是学校，是教书育人的文明地方。如果不听招呼，我们马上报警，派出所会以你扰乱学校正常教育教学秩序为由拘留你。"也许是被我的气势压住了，他立马找个台阶下："既然你校长都出面了，那就坐下来慢慢讲。"

　　事情的原委是这样：他的儿子刘浪在超市里买东西时可能是因为没

钱，偷偷地在柜台里拿了超市 3 块钱，被管理人员从视频监控中发现后告之班主任，按超市规定偷一罚十，赔钱事小，但学生道德品质事大，班主任立即通知家长要求来学校进行教育处理，家长听到说要罚款，顿时火冒三丈，跑到学校不但不对子女进行批评教育，反而是去超市破口大骂，非要超市给个说法，于是就有了开头那一幕。

我告诉他："这是个小事情，学生在成长的道路上都要犯错误，人无完人，何况还是个学生。知错能改便是好学生。俗话讲，从小偷针，长大偷金。弯弯木从小育，好的行为习惯都要从小养成，他现在是初中生了，已经不小了，再不纠正，长大了就会犯错误甚至是犯罪，到时就不是教育的事，是社会的事，是公检法来管，是要坐牢的。学校通知你来，并不是真正要罚学生的款，是要从教育出发，让学生知道这个事的严重性。学校也会为学生的名誉保密，真的是为学生好，为你的家庭好，你在超市闹，让众人皆知，对学生伤害更大。家长对子女品德教育应该有个鲜明的态度，对学生的错误不要去祖护，更不能去给他找理由，他犯的错误要他自己买单，给他成长路上有个教训，严是爱宽是害，这是简单的道理……"

听了我的一通长篇大论，他一下像泄了气的皮球，总算意识到了自己的不对。喝了口水，向我解释道："像校长你这样讲我就通了，我当时很生气，现在想来觉得自己还是不对，对不起，校长！我去赔钱，我去道歉。"

他起身正要出门，忽然看着我怔怔地询问："校长，你是不是在高峰村小教过书？"我说是的。他激动地拉着我的手："校长，真是有眼不识泰山，你是当时教我们三（1）班思想品德的杨老师！杨老师，对不起，对不起！"

他的一句"杨老师，对不起，对不起"，让我措手不及，内心瞬间翻江倒海，思绪万千，我看不清自己脸有多红。忽然回忆起那是师范刚毕业到高峰村小任教，我教五年级（2）班数学和三（1）班思想品德课。我只给这个班上了两年的思品课，那时学校没有专任思品课老师，都由语文或数学课老师兼任，学校重视的是考试科目语文和数学，思品课也就是人们所说的副课，上课也就是念念课本，保证学生不出安全事故而已。对眼前这个家长我有了模糊的印象，他叫刘德艺，学生都叫他"牛脾气"，经常违反校规校纪，班主任谈及他有说不出的苦衷。我也曾经找他谈过一次话，但收效甚微，后来就再也没关注过他了。想不到二十多年后的今天我们在这种场合以这么不愉快的方式见面。

这件事的发生为我上了一堂深刻的政治课。我在想，多年来，我们一直都在应试教育的指挥棒下重智育轻德育，重育分轻育人，我们总认为学生成绩上去了学生就成长了教育就成功了，其实并非这样，这只能说是智育见效。教育的首要功能是育人，让德育有效，培养学生成人成才，让学生全面发展和进步才是真正的教育成功。我作为刘德艺的思品老师，当年对他没有尽全力教育，他的价值观又复制到了他的孩子这一代，在孩子身上也有了当年他读书的影子，这是不是一个不称职不尽职教师遗留下的教育罪过？如果当初我们再用心一些，再用情一些，再努力一些，多在他身上下些功夫，想方设法把刘德艺教育好，哪来今天这场"演出"？我当初没把这个学生教育好，他叫我老师，惭愧呵！

由此，我深刻认识到：身为教师，责任重大。你班里的学生既关系着国家和民族的未来，也关系着你今后的工作和生活。把他们培养成为高素质的人，多年后你与他的相遇肯定是温情和美好，反之则可能是伤神和遗憾。把一代人培养好，原则上他们的下一代素质就会更高，这样，教育就有效阻断了愚昧代际传递，教育就有了功在当代利在千秋的历史意义，教师就成了真正意义上塑造人类灵魂的有功之臣！

还是别叫我老师吧，惭愧啊！

荒唐的"七点水"

我很喜欢带实习生。当然,这并非我有经验,只不过在炎热的夏天,有人顶顶班,我好从中偷闲,不失为一件快乐的事情。但有一回,撞上了荒唐的"七点水",险些把我们的"差劲"曝光,所以至今难忘。

那是一节五年级语文课。我如往常,带杯水,提条凳,悠闲地坐在教室前门听课。我太相信我的"徒弟"了,他毕竟当过几天民办教师,教案自然是不用我过目的。更何况他已经单独上过两节课,我还有什么放心不下的呢?

简短的课题导入之后,他开始教学生字。白浪滔天的"滔"字,读音为 tāo,再看这个字的偏旁,左边是三点水,证明这个字与水有关。其实,凡是有三点水的字都是和水有关系的,如江、河、湖……他教中设疑,学中置导,教态大方,语音抑扬,学生个个全神贯注,时而举手提问,时而似有所悟,时而若有所思。好一幅教学和谐图啊!

而我呢?挺高兴。像是在月夜欣赏一支美妙的歌曲,点着头,半眯着眼,手不自觉地在水杯上点击着"徒弟"上课的节奏。毕竟强将手下无弱兵嘛!谁叫我是他的指导教师呢。我自我感觉良好。

"徒弟"似乎也进入了状态。他借题发挥:"同学们,那是大水还是小水?(问得多余,学生未答,我差点儿笑出声来)显然是大水嘛,你们想想,这个字左边是三点水,右边上面的四笔是四点水,加起来共是'七点水'。"

他话音刚落，后排几个学生已经笑起来了。

荒唐！哪来的"七点水"，纯粹出丑。这下可好，砸了吧？怎么办呢？

瞬间，我想到了手中的水杯。灵机一动，走上讲台，大声说道："老师嘴都讲干了，想吃点水。（'吃'字在本地方言中念为'qī'）同学们，为老师的辛勤劳动鼓掌吧！"教室里顿时响起了一阵热烈的掌声。我赶忙把水递给他，压低声音："没有'七点水'，只能是'三点水'。"

他不动声色地喝了水继续上课。"这'灬'中的四点水刚才已被老师喝干了，（笑声）因此，这个'滔'字的偏旁只能是三点水。同学们，对吗？"

"对！"（笑声、掌声）

在我们的默契配合下，这堂课很快就结束了，而且很成功。

我暗自庆幸，一场即将上演的"丑剧"在我们的谈笑间"灰飞烟灭"了。"徒弟"很佩服我这"摆平"的艺术，觉得姜还是老的辣。可不知怎的，我却一点儿也自豪不起来。每想起此事，我都内心有愧。

这"徒弟"很谦虚，实习结束后，非要我给他提点儿终生受用的意见。我在充分肯定了他的长处和成绩之后，写下了这样一段话：这个世界上有两种职业不好做，一是医师，二是教师，因为这两行责任太大。庸医误人性命，庸师误人子弟。为了孩子，但愿你今后多喝点"墨水"，少泼点"冷水"，尤其不能再出现那荒唐的"七点水"。

本文发表于《教师博览》2002 年 8 期

教师节的礼物

　　老王到省医住院，我去看他。拨通电话，他惊诧而感动：想不到远隔千里，我这个校长还会去关心他这个平时老爱和我唱对台戏的"班主"。回到学校，他班学生在教师节主题板报上，用《王老师，我们想您》诗意地表达心声："您的白发是粉笔留下的记忆/您的疾病是冥顽划过的伤痕/您用心智点燃混沌的双目/让我们展望远方/您用慈爱滋润干枯的心田/让我们的梦想发芽……五十二枝山花/期盼/您阳光灿烂地拥抱/想您/早已梦牵魂挂。"他看后，眼睛湿湿的，自言自语道："这是送给我的最好的教师节礼物，得好好工作，才对得起这些学生。"

　　新分来的特岗教师小郑，半夜三更给我打电话："杨校长，怎么办嘛？饭没得吃处，寝室里灯也没有……"我知道，他是蜗居在十余平方米的"卫生间"里有满肚子的委屈。除了安慰，我一点儿办法也没有。发条短信给他："扎根山村，献身教育，除了爱与奉献，找不到其他理由。祝你教师节快乐，希望你以苦为乐！"他回复："对不起，上星期因我把夏季作息时间看成是冬季作息时间，迟到了一节课。"我告诉他："你缺的只是一节课，但你并不缺教师职业道德，慢慢适应，相信你能干好。"他发自肺腑地说："我会拼命干的！"

　　同几个新来的教师举杯同庆教师节。不胜酒力的阿芳才喝一杯，脸上便荡漾出绯红的晚霞。晚饭后，还有没回家的学生在教室里自习，她觉得酒后去给学生辅导不好，我决定到教室去转转。我正在教室里和学生聊学习方法，没想到她也来了。学生见她进来，惊呼："老师，你脸好红？"我马上告诉同学们："你们老师感冒发烧，刚才吃了药，我叫她休息，她不听，非要来看你们。"话音刚落，教室里响起了雷鸣般的掌声！下课后，我们在操场相遇，她随手递给我一颗香蕉糖，说它能解酒。我含在嘴里，沁凉的清香让人身心舒爽。

每逢教师节，当看到兄弟学校发钱发物，普校同庆的时候，我这个"破当家的"便显得万分尴尬。教师节，何礼以赠？没想到一块板报，一条短信，一声问候，一次宽容，一句美丽的谎言，就能让我们彼此的心灵如此靠近，就能让这贫穷的校园溢满温暖的亲情。

爱的话题

我们常常感叹：现在的学生智商很高，情商很低，但有时，我们又常常过低估计了学生对爱的理解。

为了对学生进行爱的教育，九年级上学期，我有计划地对学生进行了一系列的关于爱的话题的作文训练。

第一次作文是关于"母爱"的话题，没想到张艳交来的本子上只有这么一段话："我没有感受过母爱，就是感受过，我也不会写出来，因为这是我的隐私。还请杨老师多原谅。"我忽然想到，张艳这是一个没妈的孩子，于是在张艳的作文本上留言："请原谅我出题的失误！但我想告诉你，母亲的爱是母爱的主体，父亲及其长辈的爱其实也是一种更宽厚的母爱。表达爱、理解爱、珍惜爱、感恩爱，我们便能感受到四处都有爱的阳光。老师愿你心中有爱，健康成长，幸福生活！"她收到作文本后，在留言后写上："嗯，我知道了，谢谢杨老师，我爱你！"

第二次作文是关于"友爱"的话题，作文交上来后，我看见张艳所写的都是些泛泛而谈，于是只在作文本上批了一个"已阅"再加个日期。张艳在后面很快便有了反馈意见："如果作文本交上去只有一个日期，那么我宁愿不交。虽然我写得不是很好，但我尽力了，希望您多给我一些建议，而不是一个'已阅'和几个数字，可以吗？"我有些不自在，感觉学生为我上了一课，我自我反思：老师是学生的榜样呵，我的敷衍应付是不是不够"友爱"？教学生作文何尝不是教育学生做人，心没育好，作文不会写好，即使作文写得再好，那也是教育的失败。

第三次作文是关于"可爱"的话题，张艳写了一篇《可爱的童年》：一只蚂蚁兴冲冲地跑过来了，看我怎么拦住它。我只用手指在它面前画一道线，它就不知所措了，转来转去。"路呢？刚才还好好的，怎么一下子就变成了大土沟呢！"它费力地从沟里爬了出来……我的童年如山泉，汩汩地流淌着，很崎岖，也很美丽。

我由衷地写道："本文有地道的乡土人文味，如不细细品读，不是文盲，就是傻瓜，以后请多给读者上这样的美食大餐。"同在一个办公室的宋老师看后，也拍手称好，在下面又写了这样一段话："我不知道这是不是你的亲身经历，但我敢肯定这是你的真实感受。田野、清泉、山花、蝴蝶、蚂蚁、泥土和割猪草的背篓，如珍珠般把快乐的童年穿成一串串。我不经意地读到，但我却是由衷地鼓掌：太美了，不读会后悔的——一个爱读书的人。"

我想该是对"爱"这个话题进行深化总结的时候了，于是，第四次作文题目就成了"_____也是一种爱"，张艳交来的是《隐藏也是一种爱》，现摘录如下：

爱需要表达，但爱有时却是无言，甚至是隐藏。我半岁时候便没了妈妈，从此便与爸爸相依为命。爸爸每天起早摸黑地劳动，也只能勉强让我们父女俩填饱肚子。自我记事起，家里就很穷，每到开学，别人都很高兴，而我却是担心，父亲常常为我的书本费操心，东挪西借有时也凑不够，看父亲心急火燎的样子，我觉得我是他最大的负担，上初二的时候，我不想再上学了。过了年，我决定外出打工，父亲听后暴跳如雷，从箱子里拿出一沓钱，告诉我他有钱，现在在村里的砖厂帮人打砖，每天就可以挣50元，有能力供我上学，要我好好读书。这以后他经常给我讲，不要担心没钱，他在砖厂工资很高，每星期回家，我都能拿到钱，从此再也没因为钱而发愁，直到那晚看到他，这梦如肥皂泡一般瞬间破灭。那是冬天的一个周末，爸爸吃过晚饭，告诉我在家好好做作业，他要出去走走。到了十点，爸爸都还没回家，我心想，这深更半夜的这么冷的天他能去哪儿玩呢，我有些担心，于是就喊我的堂弟一起到村里的砖厂去找他。老远我就看到了我的父亲，昏黄的灯光下，寒风呼啸，砖机轰鸣，尘烟四起，看到满身溅满泥浆，满脸灰尘，无法看到真面目的父亲，我扑过去与父亲相拥而泣，我大声地吼叫："爸爸，你为什么要骗我？"爸爸用他那沾满泥浆的手抹着我的眼泪，语无伦次地说："我们回家，回家！"父爱如山，父亲为让我拥有一个幸福的家，吃尽了所有的苦！不善言辞的父亲把对我的爱埋在心里，默默付出，深深隐藏……

我读得泪流满面，在张艳的作文本上写了这样一段话：老师知道，如果从结构、技法上给你这篇文章作评语是肤浅和苍白的，因为这爱太厚重、太深沉、太伟大！无言的父亲用行动诠释父爱，你以有他为骄傲和自豪。谢谢你用真情实感表达这份至纯至真至诚的爱，让我看到了你高贵的心灵和不屈的精神！因为爱，我们学习的路上不迷惘；因为爱，我们成长的路上不孤单；因为爱，我们脚踏实地追逐梦想！你勇敢地向前走，我看到了你内心的高大！

在作文中传播爱，让爱的种子在学生心中慢慢生根、发芽、开花、结果，在爱的旋律中培养学生的作文水平和人文精神，这是教学的双赢。这个爱的话题值得每个语文教师去探索去尝试。

你与他们不一样

办公室里，我高声地质问："刘玉，你是刚来的一年级的学生，怎么与他们混在了一起？"

简直气死我了，昨晚学校十多名男女生一起不请假外出，夜不归寝，问题十分严重，我用带有几分威胁的口吻说："要不要通知你的家长来学校？"

她恳求道："老师，给我一次机会。"我递给她一张纸，要她写检查，簌簌清泪似露珠般从细嫩的叶片上滑下，落在纸上，浸开，一片片涂满青春的印记。

这是一张纯洁无瑕的脸，明眸里充满了睿智，就像一朵花蕾。我忽然有了恻隐之心，我不可以伤害她，她需要保护。我抢过她手中的纸，告诉她："检查不用写了，你与他们不一样，去上课吧！"

看着桌上摆的那张布满泪痕的文稿纸，我忽然想跟她说些什么，于是，铺开纸，写了如下几句话：刘玉，我想把这张浸满了你的泪痕的文稿纸拿给你，是因为我从中受到了很多启发。首先，我觉得一个人的一生就像一张稿纸，只不过我们在上面书写的内容各有所不同，有的人在上面记录的是错误、是悔恨、是遗憾，有的人在上面描绘的却是美丽动人的诗篇；其次，我觉得我们应该珍爱这张我们人生的稿纸，如果是因为我们青春年少无知，在上面胡乱涂鸦，人生这张稿纸绝对不会成为好的作品；最后，我觉得这是一张人生的考卷，上面寄托着父母、老师和亲戚朋友的期望，他们肯定不希望我们用它来写检查。你这个名字很好听，"玉者，国之器也"。就是说，玉是国家的宝贝，是晶莹、纯洁、透明的无价之宝。我想，你的父母为你取这个名字的意思就是希望你是他们心目中纯洁无瑕的宝贝吧。你入学时成绩为全级第十二名，你的眼里流露出的都是灵气和聪明，老师有理由相信你有如花的未来。老师肯定相信你，你与他们不一样。珍爱这张纸，让老师听到你的佳音。（杨老师，2008 年 10 月 9 日）

　　我把这张纸悄悄地转给了刘玉，第二天早读课时，刘玉又悄悄地送给了我一张纸条，上面有她娟秀的字体：敬爱的杨老师，你的话让我刻骨铭心，我与他们不一样，从此，我将辞别那个任性贪玩的自己，全身心扑在学习上，让你看到一个优秀的刘玉。我懂了，谢谢您，杨老师！

　　这之后，刘玉真的奇迹般变了，不但没了坏习惯，成绩也稳步向好，我暗自庆幸，当时没有粗暴地批评她。教育其实是一个以爱育爱，以心交心的过程，每个顽皮的孩子都不一样，其实他们什么都懂，孩子成长有过程，教育孩子要时间，没有教育不好的孩子，只是我们的方法需要改变，需要我们有足够的耐心、爱心和信心！

遭遇"顽童"

正翻阅各科任教师反馈给我的品学鉴定材料，有人来报："王猛又在打架……"我气不打一处来："这小子真是不可教了。"你看这班务记录，据不完全统计，该生转来我校不足一年，已违反校规校纪43次，学校几次欲劝其退学，但碍于老夫之面，还是把教育和改正的机会都留给了我舅甥俩。

我一向自诩在教育学生方面还称得上半个"家"的。纵横教坛几十年，见过形形色色的学生，要说"伤透脑筋"，还真没这感觉。但真正遇上这既是外甥又是学生的王猛，一直以"优秀班主任"为豪的我便感觉很不自信。老实讲，在他身上我没少花工夫。常规招法如予以关爱、树立信心、培养耐心等我没少用，但往往收效甚微。无奈之下又采取当场曝光、停课整顿、劳动改造等非常手段，其结果还是"涛声依旧"。这小子绝非省油的灯，你别看他认错时又快又好，但几分钟后就旧病复发：或打架骂人，或偷抢东西，或损物逃学，或作业不做。不仅是胡作非为，简直无法无天。

我很后悔当初自讨没趣。谁不知道他王猛大名，小学读了三四个学校，人称"顽童"，实则"铁豆"——让你烧他不熟，煮他不透。到哪里人家都巴不得他消失得越快越好。大姐老是流泪抹眼地恳求，无论如何也要把他"押"好，还说："别的教得好，自己的外甥就教不好啦?"那我又有什么办法呢？是龙是蛇由他去了。

　　冷静下来后，我又仔细地想，还是不妥。造成他今天这个样子难道全是他的错？作为教育者的我们到底有没有责任？我开始在失败的记忆里寻找，亦在成功的经验里打捞；我去"拜访"苏霍姆林斯基，去"请教"陶行知、魏书生等前辈。当我对王猛的行为表现进行层层剥离深入剖析之后，我获得了一个看似简单实则深刻的启示：王猛缺少自制力。教育者（当然也包括我）长期不当的教育方式已在他受伤的心灵上设下了一道防线，使得常用的教育方式无法越过这道防线，因而也就无法点燃他心中的希望。现存的唯一可能就是用非教育方式去感化他。

　　一个月后，一套全新的转化方案启动了。

　　我给他重新取了个学名——志远，意即远大志向，让他从学校搬来我家住。在他小屋里的书桌上方，挂着一张用画纸制的"杨鹏、王志远'万里长征'进程图"，图的两边裱上"鹏程万里，志在远方"这两句。我与他商议："舅体弱多病，能强身健体之法唯有跑步，你年轻，每天带舅跑2公里，每月在图上画一个三角旗标出行到的里程。"也许是他特爱体育的缘故吧，他欣然应允，从此，我们便开始了"万里长征"。

　　那些日子，说起来真让人感动。不管是寒风怒吼还是细雨沥沥，晨光中，校园外那条村道上总有一老一少飞跃的姿影。当然，起初一段时间，王猛偶尔会倦缩在被窝里装病，但最终还是无法拒绝我的真诚相邀。还记得次年寒冬，一日，王猛早起推窗，见茫茫大地一片雪白，不免喜出望外，心想昨日已患重感冒的舅舅肯定不去跑步了。当我把他从被窝里拖起来，他几乎有些挑衅地耸耸肩，那意思很明显：您不怕我还怕？风雪像一只发疯的野兽，张牙舞爪地撕扯着我们。我用吃奶的力气使劲跑着，但速度还是很慢。就在我实在有些支持不住的时候，王猛扶着我，用几乎是哀求的声音说："舅，您身体不太好就别跑了吧！"我似乎已置生死于度外，申明道："孩子，做任何事情都需要毅力。正因为身体不好才要跑步。坚持就是胜利！"

我不知道后来我是怎样回到家里的。这件事对他的触动很大，他把我讲的话记在那张图上借以鞭策自己。后来的日子，无须监督，他都风雨无阻，从未间断。这期间，我常跟他讲些红军长征中的故事，讲红军战士怎样凭借常人难以想象的毅力从雪地与沼泽中走向胜利。这时候，他总是静静地听着，然后，又把这些故事讲给他的朋友们听。

　　日子渐行渐远。我们的三角旗在跨越的脚步声中不断移向新的坐标。我欣喜地发现，王猛奇迹般地变了，变得斯文而且刚毅起来。当然，尽管他的学习成绩还不是很优秀，但他毕竟用勤奋的双脚把不良习气踩进了泥土，为自己踏出了一片崭新的道路。

　　2000年全县举行中学生田径运动会，在片区选拔赛中，他一路过关斩将，取得参赛权。但临近比赛时，他又神情忧郁。我看出了他内心的胆怯，临行前送他一条"锦囊妙计"，要他比赛前再打开。当他解开那红红的布包，看到那张"记住，你是最优秀的！老师等待你的好消息"纸片时，激动中顿生无限勇气和力量。果然，他不负众望，一举拿下5 000米长跑冠军，并打破了全县记录。站在领奖台上，有人问他现在最想做的是什么，他说："我就想抱抱我舅舅。"

　　如今，王猛已去五年制体专读书。每每来信，语意中无不溢满感激之情。其实，我还真应该感谢他——在与他进行长达四年的"长征"中，我的身体日渐康复并趋于健壮。是他，使我懂得教育面前只有"差师"没有"差生"；是他，使我懂得教育不仅仅是蜡烛，燃烧自己，照亮别人，教育实际上是师生共同发展，共同进步的"双赢"！

　　朋友，如果你不幸遭遇"顽童"，请记住，孩子还小，还有很长的路要走，对于他们的一生来说，我们千万不能轻言放弃。这，就是我记下此文的初衷。

对美丽的青春该有交代

文平同学：

老师看到你期中考试成绩很担心，不论是什么原因，考试不及格就该检讨自己，找一找自己的问题了。但想到你已经长大，对这次考试可能也做了深刻反思，可能心里也极度难受，老师就不想批评你，只和你讲为什么要读书的事情。

为什么要读书呢？老师的工作是教育，我并不认为分数就是一切，但害怕谈成绩是愚蠢的。大学不会因你少零点几分而同情你录取你，有时候点点分数恰恰就决定了命运。你想去打工，打工没有什么不好，但千万不要以为打工能好好生活，其实生活的质量是有区别的。小时候我们家穷，因为我读书，我妹没上学机会，长大没有像样的工作，活得很卑微。你是一个农村孩子，这么大的太阳你爸妈肯定还在工地上面朝黄土背朝天，他们这么苦干为什么？就是想帮你们挣点学费。你既不是出生在高官之家，又不是富二代，今后想到这个世界上过有尊严幸福的生活，除读书以外，你还有什么路可走？所以，要让今后自己生活得不卑微，能有尊严地生活，除了读好书别无选择。

那我们怎么读书呢？与你小学同学比，一路走来，人家是节节攀升，你却次次倒退，是你智商不如他们？或是你学习条件不如他们？或是你班级的老师不如他们？仔细想想这些都不是。你问问自己，你去拼了吗？在人生最苦的高中阶段你下了哪些功夫呢？不要指望有所好高中会让你不苦拼就能考上好大学，也不要指望有好老师教就能让你取得好成绩，更不要以为你很聪明，不苦学成绩自然会好。在这个竞争的社会，走慢了都是落后。现在苦是苦一阵子，今后会幸福一辈子；现在是流汗，为的是今后不流泪，所以读书没有巧，苦拼就是了。如果你没很好的天赋，更应苦拼，只有拼命才能杀出条血路来。

最后我想提醒你，成绩好坏关键要看实力。高中生活只剩一年了，这一年也是你人生中最最重要的时期。你功底不差，智力也不差，马上调整状态，及时拿出行动，你还来得及，还有机会。一定要想清楚自己存在哪些问题，怎么来克服，更要想清楚是现在苦好还是明年七月份哭好。如果考不上大学明年你去哪里？暑假怎么见同学们？你又怎么向自己这美丽的青春交代？

你是聪明的！老师相信你能想通也能做好。其实你读书成败与老师们都没多大关系。老师给你写这些是想告诉你，每一个人来到这世上都是有责任的，你是家中长女，是父母的希望，你应该知道你妈看了你成绩心里有多苦。你也要相信，你不是一个人在战斗，你后面还有一大家人在关心着你，是你坚强的依靠和不竭的动力！因为他们都爱你。

文平，好好珍惜这青春美好时光，在成长的道路上走好每一步，就算老师很烦人，也是希望你明天生活得更好。一定要加油！加油！

一个特殊的家庭

每逢开学，学校便有一道"触目惊心"的"风景"：一位年近七旬的老人，领着6个衣衫褴褛的孩子，要求学校无论如何也要收下他们……这位老人是谁？为何带着这么多无助的孩子？

厄运儿娶妻两门相继魂归西天，无望下遁身海南8年不归家，抛下3个没妈的孩子

这位老人叫罗江云，家住松桃县永安乡七星村。看上去，老人满面憔悴，满头白发，几分凄切。早些年，罗江云与妻陈三妹勤俭耐劳，敬老爱幼，其贤能村里人有口皆碑。待操办完儿女婚事，两位老人总算松了口气，用乡亲们的话讲，也该享享清福了。真的，那段光景，两位老人常抱着孙儿们悠闲度日，每提及孝顺的儿子儿媳，心中就像绽开了朵朵莲花。

然而，灾难无情，它并不因为一家人有幸福的生活而不忍心加害。1986年3月，就在罗家生活阳光灿烂的时候，突然，晴天一个霹雳：媳妇陈慧琴患急性肝炎医治无效撒手西去。只可怜那一个两岁半、另一个才81天的孩子。罗家人陷入了极度的悲痛之中。

两年后，儿子罗正江在好心人的劝导下又娶妻陈冬梅。陈氏来到罗家，孝敬公婆，关爱孩子，忙里忙外，满脸笑容如缕缕春风逐渐吹散了罗家人心里的阴云。不久又生下个宝贝孙子，老屋里便又升腾起了往日的欢笑。大概是福无双至，祸不单行吧。令罗家人想都不敢想的是，这个过门仅13个月的媳妇得了一种莫名的怪病，割舍下仅有79天的小孙子罗军，如一缕轻烟飘向西天。

一向坚强的儿子在经历了又一次沉重打击之后，已是万念俱灰。他卖掉半套老屋，还清为妻治病所欠债务，离开了自己的骨肉，遁身海南，8年不归家。两位老人擦干眼泪，承担起了抚养这三个没妈的孩子的责任。

薄命女随夫西去，又遗下三个未满十岁的孤儿

幸福的家庭都是幸运的，不幸的家庭却有太多的不幸。对于罗家三代人来说，幼年丧母、中年丧妻、老年丧媳这人生的三大不幸笼罩了罗家人，按理说也该放晴了。然而罗家人要面对的却远远不止这些。

罗江云的大女儿罗芬嫁到本乡木坪村田贵家后，两口子一直在广州打工。田贵为人忠厚，常年在海边下船收入不菲，一家5口日子还算过得有滋有味。然而，也就是这个海边，成了他的不归路：2000年7月的一天，田贵刚下完一船沙便到海边洗濯。不远处一货轮正急驶而来，海上风急浪涌，田贵防不胜防，还未反应过来，就被卷进了滔滔激流中。待罗芬闻讯赶来，早已是潮退人空。她悲痛至极，弃身投海，幸被在场人救起。想起体贴的丈夫已魂归大海，她禁不住号啕大哭。那会儿真是叫天不语叫地不应。海边只有鸥声凄鸣，涛声阵阵。

罗芬捧着丈夫的骨灰回到老家，料理完丈夫的后事。在亲朋好友的资助下到永安街上做点小买卖。一个弱小的女人要拉扯3个孩子，是意想不到的艰辛。看着三个不谙世事的孩子，想起自己的凄苦无依，罗芬常以泪洗面，茶饭不思，神情忧郁，三个月后在一场大病中跟随丈夫西去。

如果说媳妇的归西，儿子的无声外出是一场雪，那么女婿女儿的相继离世便是一场霜，两位老人被雪上加霜的灾难缠裹着，有谁能够温暖他们？女儿遗下的三个孩子成了孤儿，他们像一笔沉重的债务毫无例外地转

到了两位老人的头上。

生活的重负淋湿了老夫妇的心情。他们常因教养孩子的事而争吵，最后被迫分居

一个祖孙两代构成的老弱之家，要靠两位风烛残年的老人来承担 6 个孩子的抚养责任，这无疑是一件十分沉重的事。为了填饱肚子，两位老人只得打柴种菜去卖，以换点零钱补贴家用。6 个孩子要吃要穿要读书，不到两年，罗家已是债台高筑。尽管当地学校及政府各部门时有相助，但这种杯水车薪的救助最终未能给罗家人的生活洒满阳光。如今已有 3 个孩子被迫辍学，两位老人心力交瘁，苦不堪言。

罗江云老人是那种比较坚毅的人，他经得起贫困，但经不住长期的精神煎熬。在这个特殊的家庭里，太多的灾难让几个幼小的孩子过早地远离了亲情的呵护与关爱，孩子们眼里噙满的是对个这世界的不满与困惑。当他们连起码的生存条件都无法得到满足后，性格便变得异常孤僻而暴躁，稍有不如意便大吵大闹，甚至大打出手。这是谁给谁带来的厄运呢？孙子与外孙就像手心与手背，割下哪块肉都疼啊！就这样，生活的重负淋湿了老夫妇的心情，他们常因教养孩子的事而争吵，最后被迫分居。分开后，罗江云带着 4 个孙子，老伴带着两个孙女，艰难地支撑着残破的家。

本应颐养天年的老人，却因生活的重负把几十年相濡以沫的情感断了。如今，最让罗江云老人担忧的是，自己和老伴已到垂暮之年，身体与年龄都不容许他们继续为孩子操心。而孩子们又还小，他们以后的路怎么走？谁来照管他们？

采访完毕，天近黄昏。刺骨的寒风直扑面门，让人呼吸倍感困难。不知道要通过什么样的方式，才能缓解罗家老小的危迫，才能挑亮一盏盏已无力扑动的生命火苗？我只能默默祈祷，但愿有众多的手能够扶助他们站立起来，走过这茫茫的雨夜。（文中地名人名皆为化名）

本文发表于《铜仁日报》——"梵净山-周末"2003.03.15

爱不等于放纵

儿子马上进入高三了，但学习老不在状态，我最近还经常发现他半夜玩手机，昨晚又被我抓了个现形。看来，是该对他进行严肃批评了，于是，我给他写了些话想好好教育教育他。

儿子，我昨晚又发现你半夜上网，我算是彻底失眠，该是和你严肃谈话的时候了。临近考试，马上高三，在我们眼皮下你还依旧如此沉迷，真不知道你想干什么？请你考虑几个问题：第一，为你读书我们还要怎么做？我们搬家到铜仁，你妈调到铜仁市里来工作，再忙周末也接你陪你，想法子弄好吃的给你，衣服都拿回家洗，为你请补课教师，帮你买平板电脑，虽然多次发现你半夜用电脑或智能手机上网和玩游戏，但考虑到你的自尊只是好言相劝和提醒。而你呢，半夜上网，早上睡懒觉不起，你是否想过我们的感受？我们还能为你做些什么？第二，上网真这么好吗？如果连上网都控制不了，你还能控制什么？人会面临很多诱惑，金钱、美女、权力、游玩……哪样你不能抵住都会给你带来灭顶之灾，很多才华横溢的人都因经不住诱惑最后万劫不复。在这么万分宝贵的光阴里你不是挑灯夜战为梦想艰辛付出，而依旧挥霍时间浪费光阴，再这样玩下去，明年高考是什么光景可想而知，聪明的你为何此时如此糊涂？你有健康的身体，聪明的头脑，你不好好珍惜甚至是践踏这份天分。你不应该继续沉迷，你这是自毁前程，谁也救不了你，你年纪不小该懂事了，是对是错你看着办。

第三，家教严，后辈兴。我一直因你特懂事从未严厉批评、严格要求你，这样的放纵对你今后可能是一种伤害。从今天起和你约法三章，不允许你再碰智能手机和平板电脑；不论假期还是上课，在屋里做作业不得关门；除特殊情况衣服一律自己洗，上学、放学自己坐车回家，我们不再接送。父母耐心教导你，你常不耐烦，不静心倾听，实际上这个社会没任何人愿意教育你，你已长大，应该好好反思自身缺点方能成长进步，否则会碌碌无为，谁也瞧不起你。今天是父亲节，本是向父亲表达爱的日子，却成了我对你的训话，这也算父亲的一片苦心，望你自尊自重。

儿子很快回复我：我不知道这是不是沉迷，每天的十一点后我有夜间流量，十二点上床后，因为在学校都是一点多才睡，所以睡不着，想拿手机看一下一些文章，不知不觉就一点多了。我知道本不该这样，但是看到手机还是没忍住。已经高三了，我当然清楚。从这个星期开始，我周末都不回家了，眼不见，心不乱。很尴尬，今天的日子本应该是祝福，我却让您生气了，但还是祝老爸节日快乐！等一下我买好奶粉就把手机放在茶几上，约法三章，从此不再玩手机。对不起，老爸，让您伤心、担心了！对不起！

我看得热泪盈眶，看后如释重负，孩子也许真的听进去了，懂事了。

我想，爱不等于放纵，一味宽容就是溺爱。我们要相信每个孩子都有承受力。有批评，有鼓励，有挫折，有成功，这才是孩子成长路上强筋健骨最好的营养品。爱孩子，应选对方式，批评教育必不可少。

有你，我们就幸福

宝贝儿子，在这曙光与青色交融的清晨，看到你写的信，我和你妈第一感觉就是你长大了！当然，我们也欣慰地流泪了！为你漂亮的字，为你睿智的心，为你至真的情，为你的成长！

在你成长的档案里，我记忆中有揍过你一次，因为你不肯穿新买的衣服还大发脾气，我思想教育未果就粗暴地使用了武力，这是你长这么大我唯一打你的一次，当然肯定也是最后一次，我至今都后悔。你五岁开始读书，和比你年龄大至少一岁的同学在同一起跑线上奔跑你依旧能赶上甚至超越，凭自己努力考入市里最好的中学后又以优异的成绩考入省级一类示范性高中，你从未让我们操心，不管在哪里谈起你，我都为你自豪和骄傲！

我们很关注你的学习，这毋庸置疑。很多时候，一分就决定了一个人的未来及一生。但我与其他家长有所不同，我希望你好好读书，并不是要求你考最好的大学来光宗耀祖，来满足我的虚荣心，也不是要你今后大富大贵过上体面的生活。该奋斗的年龄你不应选择安逸，只有这样，当你今后面临选择的时候才有更多的主动权，才能去做你喜欢的事情，才能把你的一生过得更有价值、更有意义！你学习态度很好，我们并不担心，只是提醒：高中学习很苦，高三会更苦，熬过去出头，熬不过去出局。没有人能随随便便成功，成功者常常既优秀又比别人努力！人生会面临很多诱惑，诱惑又常常是致命的陷阱，你对是非曲直都能准确判断，唯一要告诫你的是在这高中学习阶段一定不要沉迷手机，一定远离网络游戏，切记。

你很幸运，老爸老妈都是做教育的人，你从小衣食无忧，一直在一个温馨自由的环境里长大。你头脑聪慧，身体强健，情商高，以后会是个有所作为的人。成长是一种煎熬也是一种漫长的等待，你今天能去总结教训、反思不足比考前几名都令我高兴。在这青春年华，选择拼搏奋斗，以不负这大好时光。高三近，擂战鼓，闯雄关，雄关漫道真如铁，而今迈步从头越，把你的智慧，把你的毅力，把你敢闯敢拼的精神用在学习上，总会攻无不克，战无不胜。

好好保持健康，健康决定未来！放下不该承受之重，负重就不能轻装前行。就像你说的，努力奋斗了就行，结果我们无法左右就坦然面对，就像一个将帅，未战之前苦心演练，正战之时气定神闲，战后成败从不累于心。人生会经历无数战役，但成功不以一胜而定，人就是要拿得起放得下，活得洒脱自由。你要学会锻炼和保养身体，健康第一，任何东西与健康冲突，都要为健康让路。拥有健康才拥有未来，其他都不重要。

正确面对成功与失败。天有阴晴雪雨，味有酸甜苦辣，人有旦夕祸福，这就是生活。偶遇顺境，不要得意，珍惜岁月相济，怜爱美好时光，感恩仁人相助，不骄横、不张狂、不虚妄。身处逆境，不要沮丧，要始终坚信明天升起的依旧是太阳！

不知不觉写了这么多，总之，不管成也好，败也罢，你都是爸妈的宝贝儿子，都是爸妈的唯一和至爱，有你我们就幸福！在你成长的道路上我们会为你日夜守护，默默观望！

宝贝！我们爱你，加油！

愿你归来仍是青年

儿子，今天你满 20 岁，爸妈不能陪你过生日，生日快乐！

20 年前的今天上午，是你妈身疼的日子，但也是我们很长一段时间来最幸福的早晨，当护士把你从手术室抱出来告诉我："祝贺你家生了个宝宝！"我禁不住失声痛哭，等你太难了，盼你来太久了！医院填你的出生证要取个名，我一个文化人搜肠刮肚想了好几天最后却只给你取了一个普通得不能再普通的名字——阿阳。

我和你妈 1996 年元旦结婚，5 年后你在贵阳悄悄地跑到了你妈的肚子里，在这之前我们家经历了难以想象的艰难，你出生了，我看到医院外草坪上三月鲜花盛开，正如我们家经历了寒冬又迎来了春天，我忽然想：你在贵阳出生，贵阳是你的贵地，心中有阳光，人生就有希望，没有不开花的春天！于是我就给你取了个"阿阳"的名字。

你出生这 20 年来是我们家最平安、最幸福、发展最顺利的 20 年，在这 20 年，全家无任何人有重大疾病，我的事业顺风顺水，你读书一路绿灯，就是进了大学还依旧积极上进，拼搏努力，感谢有你！我们才有这个幸福的家庭！

20 岁，你已经是男子汉了，此后便要立业成家！借此机会，爸爸把人生所感悟到的最简单的道理和你分享。

一是永远要注意身体健康。你所拥有的，你要追求的，你会获得的全都押在健康上，没有健康，任何事物都没有意义。我这个星期是今年第四次拉肚子了，几次输液才稍有好转，明显感觉身体大不如前，仔细分析都是自己造成的，我认为：今天的疾病都是昨天的行为造成的。人在年轻的时候因为身体好常常听不进建议，到老了各种毛病逐步显现，要为自己年轻时的行为买单，有时甚至会付出沉痛的代价。所以，不管年轻还是年老，平时的生活习惯及阳光心态很重要，别人不会来照顾你的身体，做伤害身体的任何事情都不值得，永远要注意身体健康，健康平安地生活才是王道！

二是永怀进取之心。所谓厚德载物，积德厚重才能承载万物，德轻不可能物厚，就是给了也是灾难。所以要有进取之心让自己的德高能厚，这样才能福泽绵长，所得到的才会真正拥有。进取心就是要热爱学习，人生最大的差距就在学习上，虚心向别人学习，特别是长者和师傅，他们所过的桥比我们所走的路多，"听君一席话，胜读十年书"，向别人学习既是态度也是能力；进取心就是不随波逐流，知道自己的梦想，为梦想持续不断去奋斗，在奋斗中去找到快乐、找到价值。

三是常处平淡之境。人的一生有顺境有逆境，不可能永远都一帆风顺，也不可能事事都称心如意。处逆境心中有阳光，笑一笑，擦擦汗，正确对待失败，大不了从头再来，得失心太重常常难走远。处顺境心中要有危机，成往往是败的开始，越顺利才越要小心谨慎。心态好才会样样好，心态差就会样样差。时刻用进取心做事，用平常心对待结果，道路会越走越宽，人生才越走越远。

你在慢慢长大，我们却在渐渐变老。做父亲，我尽最大努力护你远行，不论你在何处，你都是爸妈心中值得骄傲的宝！

第三篇
品质教育随感

走出自己的世界

——参加贵州省第二批初中名校长高级研究班培训心得体会

2019 年 11 月 3 日，我怀着对名校长的敬畏以及对品质教育的渴望，带着领导们的厚爱、同志们的鼓励，踏上去上海的航班，在教育部中学校长培训中心参加"贵州省第二批初中名校长高级研究班"培训学习。在这里，我们学习理论知识，转变思想观念，研讨路径方法，搭建友谊桥梁。这次培训是我心灵的朝圣之旅，是我教育思想的破冰之旅。在这里，我播下了名校长发芽开花的种子，检视到了自身的问题和差距，坚定了办好让人民满意教育的信念，让我奔走在教育的路上重新找准新的坐标。

一、培训让我的理论知识更加扎实丰富

教育部中学校长培训中心给我们安排了丰富的培训课程，11 场专题讲座，2 次考察参观，2 次内部交流研讨，1 次野外拓展训练，全是精品课程。这些课程里有校长成长、学校规划、校园文化、教师队伍建设、校园安全等重要内容，涵盖了校长专业化成长应有的理论知识。听代蕊华教授讲"教育现代化与校长使命"让我对教育现代化有了更深刻的理解，对校长使命与担当有了全新的认识；听王俭教授讲"做新时代的好校长"让我更全面地理解好校长的标准，知道了今后努力的方向；听沈玉顺教授讲

"新时代高品质教师队伍建设"让我站在更高层面理解习近平总书记要求的"四有三者"好教师的丰富内涵和精神实质；听田爱丽教授讲"数字化时代的课程教学变革"让我懂得数字化时代学校育人目标要有更高的要求；听戚业国教授讲"学校发展规划编制的应用"让我更加深刻地认识到编制学校规划的重要意义；听刘莉莉教授讲"高品质学校建设与使命"让我更系统地清楚办好一所高品质学校应有的路径；听杨全印教授讲"学校文化建设"让我对学校文化建设的理解更系统更深入；听韦保宁教授讲"新时代依法治校和校园安全"让我安全意识有了更大提高，依法治校有了更宽思路；听万恒教授讲"家校合作"让我大开眼界，真正知道什么叫家校共育，怎样实现家校共育。

教授们的专题讲座，站在时代前沿，讲理论高屋建瓴，讲实践翔实生动。课堂上教授们有时旁征博引，有时细流无声；时而幽默风趣，时而金句频出。教授们讲得有声有色，学员们听得心花怒放。我很幸运，能有机会在这样的培训中享受学习知识带来的快乐。我很认真，记录了厚厚的一本笔记，根据所学所思写了《从名校长高级研修班的"班训"想到的》《也谈校园文化建设》《做个有品位的教师》《课堂上那些脱口而出的金句》等10篇心得体会。丰富的专业课程培训提升了我的理论素养，让我的专业知识更丰盈，让我的专业视野更开阔，为我的名校长成长之路插上了飞翔的翅膀。

二、培训让我的思想观念有了根本转变

培训期间，我的脑海里掀起一股思维风暴，心灵上受到一场"革命"洗礼。

我在不断的学习中看到了自己与名校长的差距。当聆听了上海市教育学会宝山实验学校徐谊校长"教学精细化管理"和上海市延安初中许军校长"中考新政视野下的学校课程建设"的演讲之后，我便有了我们

与他们"一个天上一个地下"的感觉，我们的管理最多只能说是在"管"，谈不上"理"，更谈不上精细化；我们的学校课程最多也是开齐开足，谈不上有系统，更谈不上有特色。我内心感到恐慌，恐慌的不仅仅是贵州与上海在教育理念和教育管理上的巨大差距，而是我作为校长在"夜郎自大"的思想桎梏中还依旧自我感觉良好。可以说，越学习我感觉差距越大，这种紧迫感、责任感像一根皮鞭无时不在抽打着我，教我用心，催我奋进。

我在不断的学习中反思。去上海东方绿舟搞拓展训练后我反思学校的课程。我曾在《我心中的绿洲》这篇心得体会中这样写道："我心中的绿洲——学校应该有丰富的课程。审视我们的教育：曾几何时，在应试教育大棒挥舞下，'考几科上几科，考的是正课，不考的都是副课，分数就是一切'这些反教育的观念曾是我的行动指南。但社会发展到今天，科学技术日新月异，学生若只有分数，那他们的人生究竟能走多远？学校的课程应是丰富多彩的，既学知识也学技能，既有传授也有实践，既要合作也要探究。上海的孩子们有东方绿舟拓展训练基地，每天都有从小学到高中学段的无数学生来这里开展拓展训练课程，可以是智慧启迪，可以是生存挑战，可以是生命探索，可以是实践体验，可以在国防教育区内看飞机、大炮、火箭甚至是航母，而我们的学校还在为保学校安全和让学生考上高分而把学生关在教室里好好学习。我们的孩子今后拿什么在社会上和他们竞争？"我在反思中解剖自己的办学理念，刀刃向内将我的虚荣外衣层层剥开，让我更清醒地读懂了教育的应有之义，更透彻地理解了何为好学校，怎样做才是一位好校长。

我在学习中转变观念。当听田爱丽教授讲到"与电子产品和谐相处是数字化时代的一项重要素养"之后，我对学生携带和使用智能手机在认识上有了改变。我在《怎样管理好学生使用智能手机》这篇心得体会中谈道："我们如此简单粗暴地收缴手机其法规依据在哪儿？不让学生接触电子产品在这个'未来已来'的信息时代是否是对学生有益？还有没有更人性更科学的方法去管理学生携带和使用智能手机？"收缴学生手机肯定是违法的，不让学生使用手机是对学生不负责，肯定有更好的方法科学地管理学生使用手机。学生使用手机本来是件好事情，学校该做的不是简单围堵，而是正面引导。只要管理科学，方法得当，学生就能与手机和谐相处。培训前后对同一事物，我的认识却截然不同，这应该是教化的作用。

教授们所讲授的丰富知识，有些可能不理解，有些可能会遗忘。但教授们传播给我们的新思想、新观念，常常让我们心灵为之震撼。如果我们把课件内容忘记，却还有其中一些理念能留下来引起我们深刻思考并付诸行动，这也应该是我们上海之行培训学习最大的收获！

三、培训让我的办学思想更加清晰明了

培训前，我一直在学校管理的"洼地"中突围，提高学校办学效益路径单一，方法简单，始终找不到通向教育"高地"的出口。培训期间通过系统的学习，办学路径更加清晰。在我今后的工作实践过程中应该注重以下几方面并为之努力：一是会更加注重校园文化的引领。重新审视和规划学校文化建设，让校园文化更加厚重，更有底蕴，更能在潜移默化中影响人、教育人、感染人。二是会更加注重打造高品质的教师队伍。"大学之名不在名楼，在名师"，拥有一批高素质教师才是学校发展的未来。我更加懂得高素质教师队伍对于学校的意义，更加理解高素质教师队伍的建设标准，更加清晰打造高素质教师队伍的路径。三是会更加注重去构建丰富多彩的课程。学校教学质量不仅仅是让学生学习到书本上的知识，更主要的是让学生有综合素质和能力。学生素质的培养要靠学校丰富的课程来支撑，如何构建一个系统的促进学生德、智、体等全面发展的课程体系，我心中已有了更成熟的方案。四是会更加注重推动现代教育技术的运用。在

科学技术日新月异的今天，教育要面向现代化、面向世界、面向未来，这就要求校长有超前的战略眼光。现代教育技术逐渐在改变教育的发展方向，如何让现代教育技术更好地为学校教育服务，我有了更全面的认知。五是会更加注重全面推进依法治教进程。我会不断地修改和完善学校章程，坚决依法治校，依法治教，让学校管理更加科学民主，让学校在良好的法制环境下健康运行。

所谓学以致用，学习是为了更好地改进工作。在学习过程中我不断修正自己的观点，不断改进自己的工作方法，自身素质有了很大的提高，为今后努力提高办学效益明确了路径，找到了方向。

四、培训让我们的同志友谊更加坚固深厚

此次培训，我认识了很多新朋友，让我获得了大量的新的教育资源。在这个培训班里，大家虽然都来自贵州，但基本上是素不相识的，在交流、研讨中我们从相识到相知，收获的是团结、友爱、信任与尊重，我们彼此欣赏、彼此借鉴、彼此珍惜，我们相互学习、取长补短、共同提高。

此次培训，我与教育部中学校长培训中心及贵州省"名管办"的导师们有了更紧密的联系。"听君一席话，胜读十年书"，听教授讲课就是与智者对话，就是与优秀为伍。培训期间，导师们在课堂上，课堂外很多细节常常引起我的思考。还记得谢笠教授对我们所写"简报标题错误"的告诫和"退房不讲信用"的批评。所谓言传身教，就是导师们身上发生的小故事、小细节让我们发现了与导师做人做事的差距，从而悟出大道理大学问。也许，在培训这短暂的时光里，我们可能学不到很多知识，但从教授们做人做事的细节中，我们会悟到：名校长之名，不在名誉也不在名利，在厚德、在博学，厚德至善，博学致远。在此特别感谢省"名管办"谢笠教授对我们的关心和教导。

此次培训，我倍感幸运的是认识了班主任万恒教授。贵州与上海，远隔千里。茫茫人海中我们与班主任万恒教授因学结缘，是幸运。班主任的博学、敬业，班主任对我们无微不至的照顾，让我们以不辜负的姿态毅然选择远方，我们在导师们的关爱里一路向前，"野蛮生长"。

五、培训让我的奋斗路途更加坚定从容

通过这次培训，我深受教育。仔细想想，其实我一直是在自己的小世界里，以为看到的"天"就是整个天空。我作为校长都是"井底之蛙"，我的学校里那些还从来没去外面培训的教师怎么去教学生们要面向世界、面向未来？人最大的可悲之处就是自以为是，明明没懂得什么，却认为什么都懂；明明腹中空空，却认为自己饱读诗书。

世界很大，我们应该走出自己的世界，找机会去外面走走，到外面去学学，我们才知道自己是谁，才知道下一步我们该怎么走。世界很精彩，应该去看看；教育多美好，应该去追寻。努力做个名校长——一路奔跑，奔向远方！

不忘初心，负重前行

——随松桃政协赴广东、湖南教育考察之体会与思考

2017 年 5 月 2 日至 8 日，在松桃苗族自治县政协组织下，我有机会到贵州台江、广东南海、湖南长沙等地进行了为期一周的教育考察，其考察地域有东部有西部，考察对象涵盖了幼儿园到高中，考察的地方有的经济发达有的经济落后，考察的学校教育发展水平各不相同。考察组通过参观学校、听校长专家介绍、谈学校发展大计、论学校提升内涵，就学校办学条件改善、教师培养培训、学校管理改革、教育质量提高等课题进行了全面考察和深入探讨。7 天的取经之旅，我开阔了视野，更新了观念，激活了思维，引发了很多思考。

一、以先进办学理念为先导，引领内涵发展

学校是否健康持续发展，取决于是否具有先进的教育思想、正确的价值观念和科学的思维方式。管理的着眼点和归宿是师生健康快乐的成长和可持续的发展。所以，办学理念是否先进从某种意义上讲就决定了学校是否发展。我们所考察的南海机关幼儿园以"不让孩子输在起跑线上"为使命，以"三岁看孩子智力，四岁看孩子习惯"的超前教育理念，着眼于培养学生动手能力、思维能力、表达能力，其幼儿园开设的小厨师、小解说员、美术构想、生命探秘、种植园等特色课程及教育实践，让我们眼界大

开，先进的教育理念给幼儿园的发展带来了生机和活力，也逐步形成了真正属于南海机关幼儿园自己的办学特色。

作为校长，我们考察学习别人的先进经验，就是要学思结合，就应该根据所学所思结合本校发展历史和沉淀的文化元素提炼自己所在学校的办学思想和办学理念，并以此为核心确立自己的管理理念、教学理念、德育理念和服务理念，并通过解读与践行，让全体师生和家长理解学校的办学理念和思想，为此而共同努力，即理念上的认同产生行动上的合力，从而形成学校教育共同体。校长应把办学理念渗透在校园文化建设、制度建设和各项活动的组织过程中，体现在学校的各项规划、计划和工作行动中。在松桃这个教育发展相对落后的地方，如何让教育提速，更需要我们校长有放眼世界的眼光，有先进的教育理念和不走老路敢于创新的精神，需要我们不断开拓和实践，只有理性的高度和行动的深度结合起来，才能促进学校内涵发展，松桃教育的后发赶超才有希望。

二、以深化课程改革为路径，提高教育质量

在考察期间，我赞成一位校长的说法："校长最应该关注的文化是课堂文化。"课堂是实施素质教育的主阵地，是学校进行教育教学活动最基本也是最有效的途径。因此，课程改革要取得突破性进展的关键是要切实转变教师的教学方式和学生的学习方式，从而实现课堂教学的高效化。我们所考察参观的中学大多对课程改革进行了有效探索，由此也引发了我们的一些思考：南海外国语学校的成功在于该校能在困境中大胆创新，根据本校实际改革摸索出了以"讲学稿"为载体的先学后教、以学为主的课堂教学模式，其实这与先前我校学习的"洋思中学模式"有异曲同工之效果。仔细想来，其间所体现的正是新课程理念的宗旨和要求，所有这些改革，都是在新课程理念引领下的操作层面的创新。学会这种成功的模式为我所用，已初见成效，若真能坚守和坚持下去并生根发芽，那的确是件好事，它能使我们迈开缓慢前行的课改步伐。那么，在学习别人的同时，我

们能不能开拓出更新的、更切合我们教师个人实际的、本土化的有效教学模式和科学的教学方法？刘永胜教授也指出："教学模式可以灵活，教无定法。"这就需要我们所有的教育工作者认真学习新课程理念，吃透新课程标准，领会新教材意图，一切以全体学生能积极参与、能学会且会学为衡量标准，充分挖掘一线教师的积极性和潜能，从"教无定法"中得法，得到更多的、更适合每位教师自己的"法"，在新课程标准的统领下，让"条条大路通罗马"。

近几年，我们学校的教学质量在全市处于领先水平，这说明我们的课堂是高效率的，是符合新课程理念和新课标要求的，但我们缺少的是没有对自己的成果和经验进行及时的总结和推广，我们缺乏必要的自信！这也正是我们今后需要努力的方向。

田茂军局长曾多次说过："质量是学校的生命线，质量是素质教育的核心所在。""素质教育不是不追求质量，而是在提升内涵的前提下追求高质量，这是教育发展的硬道理。"作为校长，我们和教师在教学中只有真正做到静下心来、全身心投入，以学生为本，而不是在做表面文章时，才能实现课堂教学的高效化，才能让学生全面主动地发展。

三、以促进教师成长为根本，打造专业团队

学校是在做人的工作，需要人去做工作，学校的一切工作都必须是以师生为本的。学校所有规章制度的制定和实施都应以师生的健康向上、和谐幸福为宗旨。在我们考察的所有学校中，从教育主管部门到学校，从领导到教师，都有强烈的教育发展意识，都把教育作为一种"事业"来干，把发展教育，提高教育质量，与自我成长、自我发展结合起来。校长应该认识到教师的专业精神和专业能力是学校发展之魂，学校管理的核心是建设教师专业发展共同体。学生个体和班级的发展与提高，不是一个教师作用的结果，它依赖教师群体的智慧和力量。湖南长郡教育集团在全面优化人才队伍结构的基础上，有计划、有重点地加强人才的培养与引进，为杰

出人才脱颖而出创造条件，改革薪酬办法，加大激励措施，鼓励名师成才，让该校成为了全国高中名校，为国家培养了无数精英人才。我们所考察的所有学校，名校长多、名教师多，这得益于他们对"青蓝工程"的重视，青蓝结对，不拘一格。他们打破原来"一对一""一帮一"的格局，逐渐变为"一师多徒""多师一徒"，有的教师既"上拜师傅"，又"下带徒弟"，形成多层次的师徒结对。许多青年教师在名教师的"传、帮、带"下走上了教育科研之路，拿到了解读教育教学科学规律的"金钥匙"，使自己登堂入室。同时，有的学校还推行教职工全员聘用制，做到竞争上岗，优胜劣汰，定期进行教育系统学科带头人和骨干教师的培养和评选，初步建立了教师成长成才的合理梯队和人才脱颖而出的活力机制，促进广大教师积极进取、奋勇争先。正是多年以来坚持不懈的努力，才打造出一支支素质良好的教师队伍。

松桃教育要发展，需要无数优秀校长和教学精英。校长要在教师培养和培训上做大文章，拿出实招，真正培养一批想干事、肯干事、能干事、不出事的好教育干部队伍，松桃教育的振兴复兴才有希望。

四、以严谨务实的管理举措为抓手，实现高效办学

管理是学校发展的保障线，管理是学校工作的晴雨表。在我们所考察的几所学校里，给我们印象最深刻的就是学校管理的科学化和实效化。一是学校管理突出以人为本。常言道：一个好校长就是一所好学校。学校要发展好，校长要有好的管理。台江第一中学的校长在学校管理中始终如一的做法是营造"公平、简单、关爱"的人文环境。这是一种透明的管理、阳光的管理。校长没有任何特权，他崇尚"公平才有道德"。公平的前提是阳光透明。他来到台江第一中学后，对评先、评职等关系教师切身的问题，条件公开，操作透明，以实际工作为准绳，用成绩说话，不偏不倚，让全体教职工深刻感受到，只要认真工作，做出成绩，学校会公平对待每一位教职工。在考察学习中，我们感受到各个学校的管理，都是在严格有

序的基础上，从安全、卫生、教学常规等细节入手，严谨务实，周密精细，最终实现了高效办学。

五、以深厚的校园文化建设为平台，促进学校持续，健康发展

我们考察的所有学校，走进校园后，都能让我们感受到一种高品位的校园文化。小校园，大文化。其中湖南长郡中学，其悠久独特的校园文化彰显了它百年老校和中国名校无穷的魅力。学校在建设与发展的过程中，重视的不仅是校舍和教育设施的建设，更重要的是独特校园文化的建设。校园文化和办学传统使这所学校处处都有教育功能，时时都有教育机会。该学校利用一切可以利用的空间，如学生书吧、生化实验室、学校菜园、科学实验基地等对学生进行全方位的教育，这种做法让我们记忆犹新。我想，校长要成为学校文化的倡导者，要有超前的教育理念，做一个读书人、文化人；学校应打造为人才成长的摇篮，出名师，育名生，办名校。反观自己的学校，缺乏校园文化建设，这也是下阶段我要努力的目标。

这次考察，时间虽然很短，然而这几所学校给我们的启发是很大的。感谢县政协为我们提供了这样一个开阔视野、转变观念、重新定位、深入思考的机会，我一定会根据这次所学所思结合我校实际重新调整办学思路，切实做好调查研究，精准施策，不忘初心，排除万难，负重前行，竭尽全力把四中办成让领导放心、让家长满意、让学生幸福的区域内最好的初级中学。

让自己成为风景

如果不是生活所迫，谁愿意把自己搞得一生才华横溢？

这话不是我说的，出自哪里也无从考证。但我想讲这话的人肯定历尽艰辛，肯定饱受风霜，肯定逆风而行，肯定终有所成！正如长沙市雨花实验小学万校长告诉我们：只要上了路就天天走，总有一天能遇到隆重的庆典！亦如北京师范大学贵阳附属小学王校长所倡导的办学理念：每个星星都闪亮！何尝又不是苏州工业园区星汇学校教导处赵主任那句穿云拨雾、入脑走心的话语：做一个精神明亮的校长，让自己成为风景！

这次贵州大学安排"贵州省国培计划2020——中西部项目易地扶贫搬迁安置点中小学校长培训班"的专家团队中，大多数授课教师都来自教学一线，有几位还是中师生。出身贫寒、读书艰辛、工作边远是中师生挥之不去的记忆，但是命运往往掌握在自己手里，这些被分配在村小教书的教师上演的都是一部部励志大片：那个出生在东北一个小山村的师范毕业的丫头因不认命不认输，现已是教育部名校长领航工程领航校长、国家级中小学校长培训人才库专家、特级教师，上课时的阳光、风趣、自信、才情让她成为学员们心目中的偶像。那个被分配到湖南偏远贫困的自家村子里教书的村姑，一步步逆袭，从村小到省城，从初级职称晋升到正高级职称，从普通教师成长为有22年校长任职经历的老校长，从"万人迷的'校长阿姨'"到"中国好校长"，她的故事就像一本厚重的书，越读越入神，她讲课结束后学员们依旧坐在教室里，恋恋不舍地目送她离去，待她走出教室后所有同学才起身，这在培训中不多见，足见她的优秀和学员们对她的尊重及敬仰。那个分配到贵州一所破庙小学里包班甚至包校上课的小伙子，积极主动，以始为终，如破厚土之新笋，迎风生长，冲天而去，成为教育部"国培计划"指导专家、行业道德模范、苏州特聘的教育人才。近年来他在全国各地讲座、执教超过400场。他收容孤儿的大爱情怀，他重启学生自信的动人故事，他那些点燃学生希望的妙招儿犹如暗夜里一束火光给无数山村孩子以温暖和希望。当他讲课结束后，几十个学员围着他加他微信，不是因为他有多少光环，而是他心底那份善良真的很酷！那个曾经自卑的贵州铜仁籍老乡丹阳老师，改变自我，放下自卑，保持阳光心态，不断战胜自己、超越自己，现已是清华大学积极心理学指导老师、博士后。他给我们上课时那份从容、专业让我们眼界大开，由衷佩服。于是我想到这世界上哪有什么教育专家，都是些不认命、不怕苦、不服输，有大爱、有情怀、有思想，长期专门"折腾"教育的家伙！他们自成风景，如贵州梵净山，以原生态神秘端庄伟岸挺拔于世；如贵州黄果树瀑布，起伏跌落中荡气回肠震撼来袭。他们都是"五A级风景"，我们没有理由不去看看。

培训总有收获。教是为了不教，学是为了不学，培是为了自培，训是为了自训。我觉得学校是最好的培训机构，工作是最好的研修平台，校长应该是最好的教育培训专家。贵州省教育厅厅长在谈到今天我们如何做"好校长"时提出"七个应有"，对校长专业素养作了高度概括：应有先进前沿的教育思想、应有炽热如火的教育情怀、应有澎湃不已的创业激情、应有卓越非凡的教育管理能力、应有开放多元的办学视野、应有深度挖潜的研究能力、应有专业的写作和表达能力。校长要达到"七个应有"需要树立终生学习理念，不断地充电，不断地学习和培训。这个世界上唯一不变的是变化，适应变化的最好办法就是学习。肯学习不一定是好校长，不学习一定不是好校长。所以，我经常告诫自己：有培训要珍惜，把培训当福利去领取。

行走在教育的路上，每一天都是一个新的旅程，人不能在原地待得太久，久了就会变得庸俗，唯有不断前行，才可迎接下一站风景！

我不好为人师，只想做你的伙伴，与你一起，走向我们所指的方向，走来怀初心，走去有信心！

世界很大，出去看看

在没有申报贵州省名校长培养对象之前，我在内心深处常常很自恋。我有很长的校长任职经历，从教25年当了20年校长，当过小学校长、初中校长，当过乡镇校长、城区校长。曾经把一个全县最边远的面临关闭的乡镇中学办成了全县最好的初中，也把处于发展中的现在任职学校办成了全县一流学校。我获得过很多荣誉，有全县优秀校长、市优秀教育工作者、市骨干教师、市名校长、省名校长工作室主持人。我的潜意识里认为"教育我很懂，工作我很牛，业绩我很优，世界都在我眼里，自我感觉良好"。

今天下午，培训课程为经验交流，班主任安排瓮安九中、遵义四中初中、清镇二中教育集团、石阡汤山中学4位校长介绍。每位校长都从办学理念、管理措施、办学业绩等方面分享了他们的经验。可以说，一个好校长真的能够成就一所好学校，每一所学校的发展史都是在校长引领下全体教职工的辛勤奋斗史，都是一部浸润着血汗的艰难创业史，都是一首可歌可泣的交响曲，这其中所取得的成绩在校史上应该用辉煌篇章去记载。我听得心潮澎湃，当时就在自我反省：人外有人，天外有天，别总以为自己最好，其实，你不知道的很多，还有很多地方值得去学习。

上周末我去了复旦大学、同济大学、上海交大、上海财大等几所中国名牌大学，我不是去考察，没人接待我，更不会有人给我介绍，我就在大学校园里走走看看，看古朴厚重的学校建筑，体会校园里悠远深厚的学校文化，看独具魅力的校园风景，看校园里的中国名牌大学生身上展现出的精气神。一番游览后留给我的不是喜悦，是忧虑，是检视我们西部落后地区教育滞后更深层次的思考。

我去过很多地方，自以为见过世面，近些年，我不想去培训，甚至还妄自尊大认为别人还没自己做得好。仔细想想，其实是"井底之蛙"。人最大的可悲之处就是自以为是，明明没懂得什么，却认为什么都懂；明明腹中空空，却自以为饱读诗书。

世界很大，我们应该走出自己的世界，到外面看看，我们才知道自己是谁，才知道下一步我们该怎么走。

越努力，越幸运

　　贵州省松桃县中小学校长赴粤研修班开班后的第一课由曾小军教授进行"教育管理者思维与角色定位"专题讲座。

　　曾小军何许人也？看简介：曾小军，男，湖南邵阳人，广州大学教育学院硕士研究生导师，广州大学高教所副所长，中山大学教育经济与管理方向博士，美国威斯康星大学访问学者，中山大学教育国际化研究员兼秘书长，广东省教育厅交流合作处主任科员（挂职）。发表学术论文40多篇，主持课题9项……

　　单看这份简介，觉得他并无多大特殊。但他在讲校长应该有自己的核心价值观时，介绍了他的"一体两翼"核心价值观："心中有爱＋胸中有墨＋肩上有责（主体），不断向自己的智力与忍耐力的极限挑战（学习工作），不乱于心、不困于情、不畏将来（生活）"时，就"不断向自己的智力与忍耐力极限挑战"讲述了他的成长经历。我听得心潮澎湃，同时也感到自惭形秽。

　　曾教授讲述，他出生在湖南一个偏僻的乡村，饥寒伴他长大，落后让他从小就体会到了"什么叫输在起跑线上"。高中毕业后只考上个师范专科学校，毕业了分配在乡下教书。为改变自己的命运（不是说乡下教书有什么不好），为能考上广州大学的研究生，在严寒的冬天他在四面通风的乡镇初中的教室里看书；为考入中山大学读博士，他在一挫再挫中干脆到中山大学导师那里做起了旁听生；为争取有更充足的时间，他把自己关在办公室十多天吃方便面写毕业论文……成功总是垂青这些努力奋斗不屈抗争的人，如他所愿，他考入广州大学读研，然后以优异成绩毕业留校，又如愿考入中山大学读博，用最短时间顺利毕业再以优异成绩进入美国威斯康星大学做访问学者……奋斗让他从一个初中教师成为一位大学教授，他的身上有太多成长的故事，他的成长就像一本厚重的书，让人读着便看到了一种榜样，看到了一份希望，读懂了一种精神！

我们经常感叹自己的出身不好、起点太低、平台不好、运气太差、得不到领导重视、没有成长机会……现在想来，其实这些都是在为自己的堕落找借口。曾小军教授在乡下教书的日子和我们并无差异，而今天我们却有天壤之别，其真正原因在于我们是随波逐流，而他却是逆流而上。幸福都是靠奋斗得来的。世界上没有无缘无故的"爱"，更不要谈幸运之神会独宠于你，成长的路上唯有拼搏奋斗才会掌声相伴，鲜花簇拥。一句话：越努力，才会越幸运！

从名校长高级研修班的"班训"想到的

　　贵州省第二批初中名校长高级研修班在教育部中学校长培训中心如期开班，有幸在班主任万恒教授引领下踏上名校长成长之旅，我倍感欣喜。万教授今天给我们高级研修班立班规，以"善良自律，品位精一"为班训。这班训如定海神针，安定我们心浮气躁之海，打开我们故步自封之门。班训之所以为训，乃训导全班之意，读之上口，品之有味，深掘之可洞见班主任良苦用心和殷切期望。

　　古往今来，德才兼备是评价人才基本标准，德在前，无德不可用。所谓厚德载物，德不厚不足以做人，更不可立事。"善良"是要求我们忠厚，对国家忠诚，对教育忠诚，对人民忠诚。"善良"是要求我们仁义，对人仁，不怀欺心，不干坏事；对事仁，公道正派，诚实守信。万教授把"善良"放在班训之首，是要告诉我们善良和爱是教育永恒的主题，是要告诫我们，善良是我们成长为名校长的第一基石，善良会使我们有丰富的精神长相，没有善良，连一个合格的教育者都不是，更不要谈名校长。

　　接下来是自律，所谓自律就是自觉，就是不需他人约束和提醒，就是要自己管好自己。在学习期间管好自己，在这里我们不再是指挥几千学生的"老大"，也不是主政一方发号施令的校长，我们的身份从校长变成了学生，一切都得按培训中心的规矩办。在今后的工作和生活中更要管好自己，管住自己的手，不该拿的坚决不拿，不该做的坚决不做；管住自己的嘴，不该吃的坚决不吃，不该讲的坚决不讲；管住自己的心，不该想的坚决不想，不该要的坚决不要。班训是要我们守住底线，不碰红线，不忘初心，高度自律，砥砺前行。

如果说"善良自律"是万教授对我们政治思想品德的要求，那么"品位精一"应是万教授对我们业务素质上的高度期望。学生有优良的品质，教师有品位，把学校办成品牌应是我们作为一个教育工作者的毕生追求。让自己有品位，不管是在办学思想，办学理念，还是在管理方法，管理手段上都有一个质的飞跃，用谢笠教授的话讲，达到"发展自己，引领他人，提升学校"就是品位的应有之意。做有品位的校长就是做个纯洁，忠诚，干净，有担当的校长，就是做个不媚气、不庸俗、不世故的校长。办有品位的学校就是办以人为本，全面发展，有温度，有幸福感，有获得感，人民满意的学校。但人的一生其精力往往有限，万教授训导我们要"精一"，多能一专，有所为有所不为。专一更专业，精一更精彩。

我曾看过一段话，文化可以用四句话来表达：植根于内心的修养，无须提醒的自觉，以约束为前提的自由，为别人着想的善良。"善良自律，品位精一"的班训是万教授对名校长精神文化培养的高度概括和对名校长精神成长的精准定位。遵循它，总觉自己欠缺；研读它，总觉自己肤浅；践行它，一辈子奋斗在路上。

名校长们的班主任

贵州省义务教育阶段名校长高级研究班开班典礼结束后，教育部中学校长培训中心（华东师大）107 教室一位女士闪亮登场，只见她优雅地自我介绍道："我叫万恒，你们的班主任。"全班 26 位校长眼前一亮：长卷发，皮肤白净，身材高挑，素颜依旧温文尔雅的美女教授！万教授讲"学会系统思维"时，不借助任何讲稿，就一支粉笔在黑板上写写画画，口若悬河约半小时就把学校理念、文化、课程、教学、教师、评价等我们模糊的知识点讲透了，这一下子便征服了我们这些自以为阅人无数的"老油条"。她给我们立了几条班规，其中最"毒"的一条就是要求我们每天晚上 12 点前要交一篇 500 字以上的学习心得或感悟文章，校长们听得直喘气，然后她又特别强调："华东师大有个'灭绝师太'，我呢，是'灭绝师太'的加强版。"校长们听后周身冒汗，直摇头："这不是美女教授，是美女猛兽！"然后便暗自神伤：我们没有任何思想准备，苦日子说来就来！

不是和我们说着玩儿的，班主任一开始就和我们较真。第一天交心得感悟作业，学员们抱着试试看的心理胡乱写几句发到群里凑数，估计万教授也不会看。没想到万教授夜里十二点还在逐一审查圈阅，写得好的就点评点赞，明显有问题如错字、病句，她会不客气地质问学员："某校长文章里，'观念陈就'（'就'应为'旧'）、'致善'（'致善'应为'至善'）是啥概念？具体定义是什么？来自哪里？理论依据有吗？引经据典总要有出处啊，总不能乱说。""这篇东西，看不懂啊！"……一连串连珠炮似的发问让你无地自容。还记得第三天下午全体学员参观普陀区教育学院附中回来，都有些疲惫，有人弱弱地在群里问了一句："万老师，今天可以不发心得体会不？"没过几秒，就看见了她的回复："需要的，结合上午的问题研讨，记录一些自己的思考。"一点儿商量的余地都没有，群里至少两小时内没听到任何声音，大家乖乖写作业去了。看来，这个"灭绝师太"的光荣称号还真不是徒有虚名。

工作上我们不敢有丝毫马虎，因为班主任真的很认真。每晚至少 12 点她才批改完学员们的作业，第二天刚过 6 点她又定时到群里打卡："大家早上好！"她好像身上有使不完的劲儿。那天外出参观，我们在路边等车，她手里拿了一本《"被"虚拟化的儿童》在那里认真地看，我们都发自内心地敬佩！她原则性很强，记得有一天，学员们在群里讨论信息技术的过度使用与学生成长的利弊关系时，她与学员们针锋相对，她引经据典，旁征博引，阐述自己的观点，让学员们见识到了什么叫辩证地看待问题，什么叫学术思维。我们都几十岁的人了，还真没见过这么认真的老师！我忽然想起她的名字：万恒。恒乃永久，持久之意，长期执着，久久为功。谁给她取的这么意义深远的名字？

班主任其实心地很善良，常在群里给我们发些学习提示：几点钟到位，到哪里上课，何时交材料等，她像照顾小学生一样关心着我们。她有时也和我们吹吹牛，讲讲笑话，交流思想，谈谈人生，偶尔也会心怀慈悲。那天，我们好不容易熬到星期四，按日程第二天是野外拓展训练，她在群里发善心："今天一阵忙乎，你们也学习一天辛苦了！今晚的学习感悟照常提交，明天就不交了。祝你们晚餐愉快！"众学员拱手致谢，发了一大堆肉麻的话：感谢万教授开恩！万老师真漂亮！我们爱你！

贵州与上海，天涯海角。茫茫人海中我们与班主任万恒教授因学结缘，既是造化也是幸运。有道是"三十而立，四十不惑，五十而知天命"，接近天命之年的我们持一份教育情怀，明知来此任重苦多，却依旧选择奔走在教育梦想的路上。忽然想起班主任前几天在朋友圈发的那几句话："不选择，确实是一种自由，但如果是因为胆怯而不敢选择，那就不是自由。做选择，不见得有意义，但可能有意思。愿你，这一生有被讨厌的勇气，也有被喜欢的实力。"为了拥有被喜欢的实力，我们毅然选择远方。既然选择诗与远方，我们就只管在导师们的关爱里风雨兼程。

"生活多美好，心灵常自由"是班主任万恒教授的个性签名。短短半月培训，犹如昨天。后天我们将各自归程，继续修炼自由的心灵，继续追寻美好的生活。已知离别意，何时是逢期？

课堂上那些脱口而出的金句

专家教授们的讲座，时间可能只是一上午或一下午，但凝练这些东西所需要的时间，有可能是几年或几十年或者甚至一生。所谓"台上一分钟，台下十年功"，一堂精彩的讲座常常是在经久的实践与反思中提炼总结出来的。培训期间，教授们讲课常常有金句脱口而出，直抵听众心灵深处，引起共鸣和思索。现记录在此，闲暇之余读读，越读越有味。

万恒教授：

校长就是要戴着镣铐跳舞，在铁窗上雕花。（再难也要出彩）

华东师大有个"灭绝师太"，我是灭绝师太的加强版。（严师才能出高徒）

校园文化不是花花绿绿的广告，到处都是"风（三风）"随时会被风吹走。（痛批校园文化建设）

对课程，校长不能只有执行力没有领导力。（对校长高要求）

每个校长高级研究班，我都把"善良自律"这四字放在班训最前面。（德是最重要的）

老谈外在归因是没有用的。（不要抱怨环境，先要改变自己）

优秀是一种习惯，改变教师的某一个点，让他们变优秀成为可能。（优秀教师都是培养出来的）

读书笔记和学习感悟不要老写些正确的废话。（读书笔记应有深刻的思考）

……

徐谊校长：

站位要高，视野要宽，思考要远。（校长的境界）

教育不只是为孩子撑起一片蓝天，最好是给他一个完整的世界。（学校使命）

别以为只是换汤不换药，这次是直接换了个碗。（提高质量如是说）

为未来而学，为未来而教。（以学习为中心）

在别人不敢去的地方才能捡到最美的钻石。（鼓励探索）

课堂上没有问题才是最大的问题。（基于问题的学习）

学科是用来育人的，不是用来育分的。（育人永远比挣分重要）

沉迷学习，难以自拔。（学习就是你和别人的差距）

……

许军校长：

思深方益远，谋定而后动。（理性思考教育）

老老实实办学，呕心沥血育人。（朴素的办学理念可能是最好的理念）

办学校要对得起学生的宝贵青春年华。（校长的责任）

……

田爱丽教授：

与电子产品和谐相处是数字化时代的一项重要信息素养。（信息素养很重要）

谁在信息化潮流中落伍谁就会被时代淘汰。（信息化是现代化的重要标志，关系教育的未来）

……

戚业国教授：

教育应该像农业，而不是工业。（培养学生不是加工产品）

贵州的学校也在喊"减负"，"负"都没有怎么减？（减负不要一刀切）

陀螺越抽越转越快越稳定，山体滑坡滑得越慢越要命。（停步未必安全，等待没出路，鞭子抽往往是好事情）

……

教授们所讲授的丰富知识，有些可能不理解，有些可能会遗忘，但总有不经意间脱口而出的几句话，让我们心灵为之震撼。如果我们把课件内容忘记，却还是有句话能留下来让我们深刻思考，这也应该是我们上海之行培训学习最大的收获！

在细节中感悟大学问

细节决定成败，态度决定高度。培训期间，老师们在课堂上、课堂外的很多细节常常引起我的思考。所谓言传身教，就是老师们身上发生的小故事、表现出的小细节让我们看到与老师做人做事的差距，从而悟出大道理、大学问。

还记得开班典礼结束后有学员做了一篇题为"教育部黄埔军校的开学典礼"的美篇上传到群里，因标题不当，谢笠教授火眼金睛，马上联系作者并批示："信息报道很好，文字校对一下，若只在班级内，可以；若向外发布，请校对后再发。"我就在想，谢教授这不是给学生改作业时简单的纠错，这是教育我们政治敏锐性要强，思想站位要高，治学要严谨，容不得半点儿马虎，这就是教授做事的风格。还记得有一天，谢笠教授听说有学员在培训中心所订的房间里住不习惯，退订到别处宾馆住去了，谢教授有点儿生气，他质问："要多好的宾馆才能住？培训中心好不容易订下来，怕上海房源紧张你们没住处。你退了，我们贵州校长的诚信呢？"我想这件事本身不是什么大事，谢教授之所以生气，是他把做人的诚实守信看得很重，"君子一言，驷马难追"，君子以诚信立天下，不可自食其言。

还记得那天听徐谊校长的讲座，徐校长实践经验丰富，理论研究深入，讲授时他旁征博引，深入浅出，幽默风趣，神采飞扬，我们听得津津有味，入脑入心。不知怎的，忽然教室的扩音器里传来了别间教室教师讲课的声音，时断时续，时大时小，让人心烦意躁。班长请相关人员做了检查但并未好转。徐校长短暂停顿，讲了一句"看来不能做坏事，'若要人不知，除非己莫为'"，大家哄堂大笑，然后他气定神闲，依旧神采飞扬地讲课，好像根本没事一般，那份淡定从容让我们佩服得五体投地。我忽然感悟：这就是名校长的修为，每逢大事有静气！这就是名校长的专注，心无旁骛，博学专功，无视干扰，总成大事。

也许，在培训这短暂的时光里，我们可能学不到很多知识，但从教授们做人做事的细节中，我们会悟道：名校长之名，不在名誉，也不在名利，在厚德，在博学，厚德至善，博学致远。

我心中的绿洲

在短短的半个月培训期内，教育部中学校长培训中心利用周五在东方绿舟为我们安排了一天的拓展培训课程，东方绿舟首先带给我们的是震撼，看简介：东方绿舟位于上海市青浦区，是上海唯一的集拓展培训、青少年社会实践、团队活动以及休闲旅游为一体的大型公园。临近风景宜人的淀山湖畔，占地面积5 600亩，其中水域面积达2 000亩。东方绿舟由智慧大道区、勇敢智慧区、国防教育区、生存挑战区、科学探索区、水上运动区、体育训练区、生活实践区共八大园区组成。2016年1月，国家旅游局和环保部拟认定上海市东方绿舟旅游景区为国家生态旅游示范区。五千多亩占地，无与伦比的生态覆盖，包罗万象的科普实践，在我看来，在全国，它应该是绝无仅有了。

在这里，我们飞夺"勇敢智慧桥"，开心地玩"水到渠成"游戏，"旱鸭子"的我们还进行了划龙舟比赛。我们凝聚志同道合的友谊，开启智慧思考模式，忍受饥饿疲惫，迎接挑战艰辛，度过了最有意义最难忘的一天，留给我更多的是对教育意义的追问和对落后地区滞后教育怎样才能后发赶超的思考。何为我心中的绿洲？

我心中的绿洲——学校团队应该是一个游戏组。组织活动的时候，教官分组是按报数序号而定，不分男女，不管老少，也不管是中学小学，来自天涯何方，是否曾经相识。在这里组长不是官，没通过选拔推荐，只是临时担任重要任务的组织者和服务者，手里没有权力，但组员们却能团结一心，把组内事当成自己事，互相提醒，互相关心，互相帮助，在所有的分组活动中不计较，不推诿，不后退，大家为组内荣誉而战，这才是一个真正的团队。如果校长与教职工们是这样一个团队，是一个有共同理想愿景，有坚定信心信念，有相同价值取向追求，有彼此包容互助精神，能心往一处想劲往一处使，则学校振兴必指日可待。

我心中的绿洲——学校应该有丰富的课程。审视我们的教育：曾几何时，在应试教育的指挥下，"考几科教几科，考的是正课，不考的都是副课，分数就是一切"这些反教育的观念曾是我们的行动指南。但社会发展到今天，科学技术日新月异，学生若只有分数，那他们的人生究竟能走多远？学校的课程应是丰富多彩的，既学知识也学技能，既有传授也有实践，既要合作也要探究。上海的孩子们有东方绿舟拓展训练基地，每天都有从小学到高中学段的无数学生来这里开展拓展训练课程，可以是智慧启迪，可以是生存挑战，可以是生命探索，可以是实践体验，可以在国防教育区内看飞机、大炮、火箭甚至是航母，而我们的学校还在为保学校安全和让学生考上高分而把学生关在教室里好好学习。我们的孩子今后拿什么和其他孩子竞争？

我心中的绿洲——学校应该是一方生态净土。占地 5 000 多亩的东方绿舟，山水共长天一色，走进去你的心会马上静下来，真的是一片生态净土。学校是育人的地方，容不得有任何污染。学校应该是一方快乐净土，不应有外界的纷繁干扰，让教师静下心来上课，让学生静下心来学习，快乐幸福地成长。学校必须是一方精神净土，是一块永远都被阳光普照，积极向上，永远让人心绪激荡的精神家园。学校应该是世界上最好的生态，这里水蓝山青，路平道清，这里绿草如茵，花树成行；这里没有功利，没有欺诈，没有社会阴暗和丑恶。

我是一个教育的理想主义者，我心中的绿洲在哪儿？我相信，它等我去发现。

哺育婴儿给我们的教育启示

华东师大吴刚平教授在"教学方式变革与教学设计"专题讲座中，就家庭教育特别是母亲在哺育婴儿过程中所做的事谈道：母亲为了教会孩子喊一声"妈妈"，至少要进行上百次的示范，孩子终于会叫了，哪怕不是那么标准，母亲依旧很高兴，亲昵孩子，而且不求回报。从母亲哺育婴儿教会孩子说话的过程中，我们获得了教育启示：教育一定要有相信学生肯定能行的坚定信念。

教育的过程是一个挖掘学生潜力的过程。教育者首先要心怀坚定信念，相信学生能行。由此想到平时的教学，无论什么样的训练内容，只要我们对学生进行了训练，量达到了，学生迟早会有变化。变化的大小与学生接受快慢有一定的关系。在平时训练过程中，我们要持之以恒，根据学生的实际情况做出一定的改变。教师的教育理念是我们的学生一定能行。在平时的训练过程中，多鼓励学生，帮助他们树立自信心，让学生体验成功带给自己的喜悦。只要我们这样做了，我们的学生一定会成功。

教育学生要不求回报地等待和陪伴。

陪伴是最好的教育，陪伴是教育孩子最好的修行。陪伴一个孩子成长，父母要跟在他的后面，而不是跑到孩子的前面去，孩子不需要家长为他带路。孩子成长的乐趣就在于，他自己来发现他的路。不要因为我们是他的父母，不要因为我们觉得比他知道得多，我们就应该跑到他的前面为他带路。教育孩子不要把家长的意愿加在他身上，家长不要操控和剥夺他自我选择的权利，即使家长出于好意，也不行。家长只要在他的背后给他提供支持就足够了，不用为他操那么多的心。他的事绝大部分应该由来他来负责。只有不求回报，才能迎来百花开。

让学生每天进步一点点，为学生的点滴进步而高兴。

十年树木，百年树人。教育是慢的事业，教育就是坚守、等待、陪伴，潜心育人，静待花开。学生的成长是一个不断被肯定的过程，学生每天都在进步，只是我们看不到。所以老师要做的不是急功近利，不是拔苗助长，而是从小事做起，从细处引导，让学生一点一滴积累，一天一天进步。老师要善于发现学生的闪光点，为学生的点滴进步而高兴，学生的点滴进步都是老师的快乐和骄傲。

总之，教育其实就像母亲哺育婴儿，不用高深的理论，只要在爱的环境里，在教师的引导下，慢慢成长，就会逐渐变得更智慧、更优秀。

教育要学会等待

今天上午，我有机会听了华东师大王鹏教授讲的"班主任能力模型"课程，可谓受益匪浅。他在谈到班主任角色认知时，说了几句很经典的话："理解过程的人才是有教育智慧的人。孩子成长有个过程，教育也有个过程。教育要学会耐心等待。"这些话让我在平淡中看到了教育的真正智慧。

记得很久以前，我读到过这样一句话："教育如同养花。"那时初为人师，对这句话不甚理解。如今，几十年过去了，送走了多届毕业生，接触到了许多性格各异的孩子，才慢慢读懂了这句话。到松桃民族寄宿制中学主持学校工作，面对很多稚气未脱、率性而为、不懂纪律和约束为何物的初中学生，我对这句话的理解才越来越透彻。养花要懂得花的生长规律，心急不得，只有精心浇水、施肥，用心伺候，耐心等待，才能迎来花期，才能欣赏到花的美丽，才能享受养花的乐趣；如果违背规律，只能适得其反。教育又何尝不是如此呢？面对家庭环境不同、智力发展不同、接受能力不同的学生，我们更需要耐心，需要等待！

品味着这句话，我从急躁中冷静下来，学会了心平气和，学会了耐心等待，学会了在管理中寻找学生进步的通道。于是，在等待中，我惊喜地发现了松桃民族寄宿制中学学生的很多变化：学生们爱上课了，讲卫生了，打架的少了，成绩提高了——这一切变化都让我惊喜，让我感动！而在耐心的等待中，在学生们可喜的变化中，我自己的心情也变得轻松和愉快，我和我的学生在一起享受教育的快乐！

的确，人的成长如同花的生长一样，有其内在规律，遵循规律，因人而异，教育才会瓜熟蒂落，水到渠成。如果无视成长规律，一味拔苗助长，则欲速而不达。等待是一种宽容，在等待中，我们才会发现孩子的可爱和进步；等待更是一种境界，用心灵滋润孩子的老师才会从含着露珠的嫩芽中嗅到硕果的清香。"一年树谷，十年树木，百年树人"，教师职业的神圣之处就是教书育人，教育的目的就是让每个孩子享受教育，健康成长。

教育需要等待，既然选择了教师，就让我们无怨无悔，在教育的百花园中辛勤耕耘，耐心等待，在等待中静听每一朵花开的声音，相信这是一种最美的境界！

学得好才是真的好

构成教学的基本要素有三个：教师、学生、知识。前两者是人，是教学中最核心的要素，后者是教育教与学所求结果，是教学追求的终结。然而，教师与学生、教与学在学校教育教学过程中究竟谁轻谁重，历来是教育者不懈探索的重要课题。

应该说，对教师和学生、教与学轻重之研究，古代的教育家们给了我们很多经典的答案，像"教学相长""授人以鱼，不如授人以渔"就很鲜明地指出了教与学是相互依存，相互促进的，掌握学习方法远比获得知识更重要。随着教育的不断发展，对教学研究愈加深入，更加切合时代。先前有人提出"教师主导、学生主体""教是为了不教""教师之为教，不在全盘授予，而在相机诱导（叶圣陶）""一个人到学校里来上学，不仅是为了取得一份知识的行囊，主要的还是为了变得更聪明，因此，它的主要的智慧努力就不应当用到记忆上，而应当用到思考上去。（苏霍姆林斯基）"。这些至理名言已对教学之内在意义进行了深刻阐述，可总结为：学比教更重要。

今天，华东师大吴刚平教授对"教学方式变革与教学设计"做了专题讲座，他对教学两者之轻重再作论述，他套用了一句广告词："学得好才是真的好！"他让我们对长期困惑于心的教学理念又有了一个全新的理解和认识。是的，教师的主导作用就是善于引导启迪，使学生自奋其力，自致其知。非谓教师滔滔讲说，学生默默聆受。教师的主导作用主要体现在对课堂教学的组织和对学生学习活动的组织上。课堂采用什么样的组织形式和教学方法主要取决于教师，而教学效果之优劣更要体现在学生主体上，学生才是真正学习的主人，外因也只能通过积极的内因起作用，学生学习成绩的取得主要取决于学生的学习兴趣、学习方法和学习努力程度。

由此，我更加深刻地反思我们的教育：上课满堂灌，课后反复讲，牺牲了周末，放弃了休息，学生整天在浩如烟海的试题中疲惫不堪，教师之苦，学生之苦，无以言表。而最终学习成绩仍然不好，此乃谁之过？归根到底是我们的教育理念的问题，我们错误地认为：我们的教能代替学生的学；学生成绩不好是教师教不好，过度地放大了教师的功能。教师不在提高课堂的有效性和实效性上去探究，不在引导学生学习兴趣、指导学生学习方法上去努力，我们在背道而驰的奔跑之中离教育的真谛越来越远。我们应该把"学得好才是真的好"当成教学的座右铭，苦教苦学，即该当休！

让爱溢满教育的每个角落

前几天，我发布了一篇原创文章《爱的话题》，讲述我在初三上学期以"爱"为话题对学生进行作文训练的故事。我总想真情呼唤我们的教师，做教育，如果爱，请深爱，每个角落都有爱，只有这样，教育的明天才会更好。文章发布后，我在评论区留言："如果爱教育，就好好去教书；如果爱学生，就无私无边地去爱。看学生成长，做简单但有深度、有温度、有速度的事，事隔多年，突然回顾，你瞬间觉得：值！"

一个名叫"华丽转身"的读者看到后给我发来了长篇信息："杨鹏名校长，从关注您至今，一直较忙，还未能去品读您的佳作。今天第一次读杨校长您的文章，便被您的教育故事所吸引，读后思想得到洗礼，心灵引起强烈共鸣。这一篇《爱的话题》，不仅让我忆起初中教学的那一次次似曾相识的经历，也让我内心为之一怔。我在想，我们是否每每以教之名，让学生去做了一些他们不情愿的事？或是存在，我自己却也没有注意和尊重他们。这让我惶恐，自己也走过学生的路，心中或多或少都存在对教师各不相同的印象，有时候老师只是单方面想给我们什么，而我们并不领情，这我还得细细回顾，慢慢总结。我也在想，平常因学生多，作文批阅量大，而我没有一一对他们写下及时客观、准确无误且有鼓励创新性的评价语，他们之中会不会有的人如您的学生张燕一样，也曾心里想过老师为什么这样敷衍自己？他们或是心中消化，也或曾站出来过。这我也得认真去反思。我还在想，每个学生都是美的，他们在成长的过程中，只是缺少被发现的眼睛。张燕同学很'美'，只是主动藏了起来，在她将她的父亲'带到'我们面前时，在她给我们展示她的童年时，她的'美'毫无保留地溢了出来。现在，深读此文，我能想起我所带过的班级以及每个班每一个学生，他们都是特殊的个体。我们应尽力让他们全面发展，但不能十全十美。所以，教与育的过程中，发现一美，延之所长，我们应该能做到。学生不是不爱老师，爱的是能懂他们的老师；老师不是不能进步，缺的是能懂他们的校长。教书育人，教给他们的是知识，培育出来的是一个三观正确、积极向上的人。人文语文之下，我们需要反思更多，进步更多。近期工作繁多，休息间才发现您的文章，相见恨晚，我一定认真去拜读您其他好文，也期待您一直'教育'我们这一批急需进步的学生。"

我简单地回复："就你这所思所想都是一篇关于教育的深度美文，有感悟、有启迪、有思考，我一定会把它收藏在我的教育故事里，让更多的读者欣赏到！"

名为"入舟阳已微"读者的评论："感谢杨校推荐阅读。每次都觉得作文难改，因为不忍心简单粗暴地给学生批上'已阅'和日期就草草了事。总怕他们拿着作文本翻看半天没有见到老师的点评而失望，也担心他们因真心、信任诉说的心事没有得到回复而失落，以后写作敷衍不认真。读您的文章，特别感动，文中这个孩子真是天使，她是多么勇敢地在表达自己的内心世界与情感，真诚得令人心疼与感动。只有饱含深情的教师，才可能打开孩子真实的心灵。启发一个孩子去发现爱、感受爱并回报爱，正是教育最深情的回应啊！也正是教育给一个孩子最柔软最诗意的财富啊！一颗柔软的心，可看见万千真实和美好，也能包容万千伤痛与无奈，并且拥有慈善与坚韧。"

"优雅麻酱"点评："我们常常指导学生作文要表达真情实感，读此文觉得是个范例。"

读者"难得糊涂"："你是我见过的最负责最有水平的语文老师，在教学生做人、写作文的路上你显得那么伟岸和真诚，又那么细心和聪慧，能做你的学生是孩子们一生的福分。"

有一读者写道："杨校长的深度好文使我豁然开朗，为我的作文教学指明了方向，感谢教导！"

……

真没想到我的一篇"豆腐块"，能够引起这么多的读者共鸣，在此，我对各位读者的宽容与厚爱表达真诚的谢意，因有你们的爱，我才渐行渐远！爱，是教育永恒的话题。如果爱，请深爱。爱自己的工作，不管是累还是苦，都要心中有信仰，胸中有赤诚，脑中有良策，眼中有泪光，手上有热爱。如不爱，请选择离开，因为干自己不喜欢干的工作不管对于自己还是别人都是伤害。干教育没有巧，深爱就行，如果你不够优秀，多是爱得不够多，爱得不够深，爱得不够好，在以爱育爱的路上，我们以爱为径，随风播下爱的种子，让爱溢满教育的每个角落，虔诚地坚守，信心满怀地期待，始终坚信总有一天会鲜花怒放，桃李天下！

有事做，真好

昨天我参加了全县教师优化组合工作推进会，这次会议对我的心灵触动很大。本次会议由副县长亲自主持，至少传递出了以下强烈信号：

一是全县教师优化组合会全覆盖。不管是高中学校还是教学点，不论是年轻教师还是年长教师，学校教师都会面临一次重新洗牌，明年7月教师优化组合工作将会在全县进行。

二是推进力度会更大。组织机构设置上明确县委书记、县长为双组长，副县级领导担任相应工作组组长，纪委亲自督阵，县里已从全县抽调工作人员成立全县教师优化组合专班集中办公，在组织保障上全方位跟进。

三是顶层设计上会动真碰硬。不管学校是否缺编，是否有教师上课，只要是不适合到工作岗位的都有可能会被优化出局，出局就会待岗，待岗的结果就是会在绩效发放、职称评聘、调岗分流中做出实质性选择，长期学科考核分挂末或某一工作领域严重不适应的教职工在这次优化组合中可能就会"没事做"。

四是会有几个刚性的"一票否决"。比如师德师风问题严重的、教师违规在外兼职的等将会是首先被优化淘汰的对象。这些信号传递出了县委、县政府狠抓教师优化组合的信心和决心，这是县委、县政府教育改革组合拳的一部分，其目的是以强势推动教师优化组合来撬动全县教育改革，最终办人民满意的教育。这步棋，激活一江春水。如果说前些年我们的全县教师优化组合是"狼来了"的口号和形式，这回应该是真的"狼来了"。如果我们还肤浅地以为这可能是"只打雷不下雨"，还侥幸地估计火石不可能落到自己的脚背上，可能留给我们的除了全身湿透还有就是满地鸡毛！

　　记得在参加"国培计划2020——贵州省异地移民安置学校中小学校长培训班"期间，有位老师对我们进行培训时曾放过一个《小提琴手》的视频，大意是：这个美国的小提琴手在音乐大厅演出时用高超的技艺折服所有观众，演出场场爆满，每次演出结束后，观众都献花、求签名围得水泄不通，小提琴手陶醉在自己成功的光环里。有一天她突发奇想，去一个地铁站演出，人们是不是也一样蜂拥而至，然后尖叫喝彩？结果在那个风声呼呼划过的站台，她拉得如痴如醉，人们却行色匆匆，无一驻足。待我们看完视频后，培训老师问我们受到了什么启发？我回答：出彩的人生需要别人提供多彩的舞台，离开了舞台你什么都不是！老师继续引导：是的，舞台很重要！所以，我们每个人都要爱国家爱单位，是国家安排、单位接纳才让我们有了这份工作，我们不能端着国家的饭碗还向里面吐口水；我们更应珍惜自己的工作岗位，有份工作不易，这个舞台留给别人也许做得更好，离开它指不定我们就是一条咸鱼！当然也告诉我们：人的一生一定要在正确的时间、正确的地点去干正确的事！也要注意不要去和一群不懂你的人谈理想讲人生，不看对象的行动往往是对牛弹琴！

　　我又想起上个星期的一件事。我把工作室即将举办的以"助力乡村教育，促进内涵发展""不忘教育初心，培育时代新人"为主题的论坛活动的两个文件初稿，传给铜仁市名师名校长管理办公室代泽斌主任，请他审核。我是深夜十一点传的文稿，希望他能快一些看文件，举办活动的学校好做相关的准备工作，没想到第二天中午主任就给我发来了文件电子版，我被他这种高效、务实的工作作风感动。主任真的很忙，在铜仁一中任高三两个班的语文课，没有多少空闲时间。他还同时是中组部人社部国家特殊支持计划领军人才、国家万人计划教学名师，省管专家，全国普通高等学校师范类认证专家，铜仁一中教师发展中心主任，有好多事情等着他干。但他对别人的事竟然如此上心，对工作竟然如此认真，他能如此优秀，我从这件事中找了答案。我非常感谢："辛苦了，代主任！谢谢您！"他第一时间回复我："有事做，真好！"

"有事做，真好！"这是我听到的有关于劳动不管是脑力劳动或是体力劳动的最有境界的诠释！也是一个人成长历经磨炼后对待生活的最有修为的态度！有事做说明你很健康，说明你未下岗，说明你有价值。有事做，能做事，事做成，不出事！细嚼慢咽，理深味浓。吾辈当铭记，一生去坚守，一生去追寻！

第四篇
品质教育实践

校园文化建设中融入中华优秀传统文化的
实践与思考

校园文化建设是学校文化育人的主渠道，校园文化建设不但关系着学校的外在形象，同时也关系着师生的精神培育和成长成才。近些年，学校校园文化建设引起学校高度重视，取得突出成绩，实现了"从无到有，从轻到重，从浅到深"的跨越。但在建设中同时存在"缺乏系统规划、流于表面形式、缺少文化底蕴"等问题，且在文化建设的过程中过多采用现代"快餐文化"形式，忽略了与我国五千年优秀传统文化的融合。中国优秀传统文化集中体现了中华民族的特质和精神风貌，在中国悠长的历史中绵延不断，被世代继承和发展，对育人有着特殊的不可替代的作用。所以，对校园文化建设中如何积极融入中华优秀传统文化进行探究与实践具有十分重要的意义。现就松桃民族寄宿制中学（松桃四中）的具体实践过程进行简要陈述，以期为学校校园文化建设提供相应参考。

一、在校园精神文化建设中融入中华优秀传统文化，提升学校精气神

（一）在中华优秀传统文化精髓中挖掘学校核心理念

在校园文化建设中，学校的核心理念体现了办学目标、办学思想和办学精神。中华优秀传统文化中儒家文化所倡导的"仁、义、礼、智、信"蕴含的正是社会主义核心价值观中公民个人层面上"爱国、敬业、诚信、

友善"的具体内容，也是当今教育"立德树人"的基本要求。这其中主要思想是以人为本，其教育主要功能是培养"干净的人，幸福的人"。为此，我们提炼出我校核心理念是"教育清亮人心，教育幸福人生"，学校价值观是"人人有位置，人人有价值，人人在进步，人人获幸福"，学校使命是"为学生成才奠基，为学生的幸福铺路"。这样，就把博大精深的儒家思想植入到了通俗易懂的学校精神文化建设中。

（二）在中华优秀传统文化精髓中提炼学校"一训三风"

在以孔孟为代表的儒家思想中，德、善、仁、义始终占据主导地位。"自省、向善、宽恕"是孔子践行的德育理念，"因材施教、有教无类、学而时习"是孔子主张的教育思想。结合学校实际，我校提炼出校训"厚德致善，博学致远"，"厚德"让学生的精神长高，"博学"让学生的人生走远；校风是"遵纪，尊人，活学，和谐"；教风是"敬业爱生、博学勤研、教书育人、言传身教"；学风是"学而不厌、学而时习、学思结合、学以致用"。学校"一训三风"蕴含了儒家思想中德育与智育的精华，让师生以训为魂，树教育气正风清。

（三）在中华优秀传统文化精髓中归结师生誓词

师生誓词是表达师生心声，彰显师生精气神的具体体现。爱国主义精神和自强不息精神是中华优秀传统文化精神实质的主要体现。我国优秀传统文化中的爱国主义精神和自强不息、艰苦奋斗的精神是支撑中华民族五千年灿烂文化绵延发展、蓬勃向上的重要驱动力。学校发展面临不同程度的问题和困难，特别是在推动学校发展改革进程中，面对层层障碍，更需要教师爱国敬业，艰苦奋斗。学生面对学习和生活困难，也只有从小立下报效祖国的远大理想，才会自强不息，以苦为乐，奋发向上。因此，我校归结学生誓词是："我是父母骨肉，我是四中学子，我是中华儿女，我要用自信、用刻苦、用坚持、用成功报恩父母、报答四中、报效中华。"教师誓词是："贯彻党的教育方针，忠诚党的教育事业，履行教师神圣职责。修身立德，为人师表；追求真理，崇尚科学；敬业爱生，教书育人；淡泊名利，严谨治学；传承文明，勇于创新；终身学习，不断进步。为全体学生美好未来，我愿奉献全部智慧和力量！"爱国敬业，自强不息、刚健有为的积极民族精神融入师生誓词中，师生就有了积极向上的精神支柱，学校办学水平和教学质量就能在师生的奋斗下得以快速提高。

综上所述，在校园精神文化建设中融入中华优秀文化，学校就有了"以人为本"的办学精神和灵魂，就远离了肤浅的"单纯追求升学率"的教育功利，就集中体现了教育"功在当代、利在千秋"战略地位，就有了构建"和谐校园"的文化根基，学校就有了深厚的文化底蕴，学校的办学思想和办学品位就得到了较大的提升。

二、在校园物质文化建设中融入中华优秀传统文化，展现学校真善美

（一）在学校设施命名中展现中华优秀传统文化

学校命名想要高雅、博大、厚重，必须有经典名句支撑。为此，我校教学楼命名为：一号教学楼"志学楼"、二号教学楼"尚学楼"、三号综合楼"乐学楼"、四号办公楼"劝学楼"。我校学生宿舍楼命名为：一号女生宿舍楼"明德楼"、二号女生宿舍楼"齐贤楼"、一号男生宿舍楼"知新楼"、二号男生宿舍楼"致远楼"。上列名称皆出自《论语》《三字经》《三国志》《劝学》《礼记·大学》《诫子书》等中华优秀传统文化经典。同时学校对主要区域命名有：一台"冠景台"、两室（教室、寝室都各有名称）、三路"杏仁路、丹桂路、书山路"、四园"至善苑、智慧园、百花苑、百草园"。这种具有深厚文化底蕴的命名，充分展示了中华优秀传统文化的魅力，让师生久留于心，一生受用。

（二）在学校主题文化建设中展现中华优秀传统文化

为彰显学校校训中有关"德、智"主题，我校以德、智教育为主线，建设两个主题文化园：其一是至善苑。至善苑由花鼓凤凰雕塑、至善长廊、至善椅等主要建筑物构成。其中花鼓凤凰雕塑建造成因是学校地处中国花鼓艺术之乡，四面花鼓上嵌"德、善、仁、义"四字，花鼓上立着起

飞的凤凰，寓意为"山中凤凰，闻鼓起飞"。至善长廊上悬挂中华优秀传统文化中有关"德、善"的名言。至善石椅上刻有"自省、向善、宽恕"等字样。其二是智慧园。智慧园由智慧门、智慧亭、智慧长廊、智慧人物雕塑构成。智慧门由"自尊、自信、自重、自省、自律、自强"六道门连贯；智慧长廊由"至真、至诚、志气、志学、智慧、智能、致力、致远"八大构柱支撑，集中华优秀传统文化经典《道德经》中关于智慧的名言于其上，黑木烫金牌匾，大美厚重，彰显中华优秀传统文化博大精深，学生常休憩于此，耳濡目染，深受教育。

（三）在学校室内文化建设中展现中华优秀传统文化

为增强办公室、教室、寝室、食堂等室内环境育人氛围，根据《松桃民族寄宿制中学（松桃四中）校园文化建设规划》，我们对室内文化着重建设"十个一"：即一张中国国旗、一块师生形象牌、一块室内公务牌、一些经典名句、一些书法字画、一条教育训词、一些规章制度、一些师生寄语、一些艺术饰品、一些自种花草。其中经典名句与书法字画，无不展示了中华优秀传统文化的内在精神和无限魅力。师生早读晚诵，沁润心田。

在校园物质文化建设过程中，充分秉承人性化的建设理念，全面融合和继承我国优秀传统文化，使校园的环境建设充分融合传统文化因素，既可营造高雅的校园育人环境、构建人性化的物质文化设施、增强校园物质设施的文化底蕴，又能发挥其教育功能，满足学生的生活及精神需求，陶冶师生情操、净化师生心灵。物质文化建设中融入中华优秀传统文化，时时处处展现了学校真善美。

三、在校园制度文化建设中融入中华优秀传统文化，传递学校正能量

（一）在学校规章制度管理中体现中华优秀传统文化

儒家文化中孔子的"礼治"思想是我国优秀传统文化的精髓。其强调的是社会秩序的规范性和有序性。单从"礼"字来讲，是指一定的制度规范，"礼治"的核心思想是教化而不是统治。因此，我们在学校规章制度

管理中充分体现"礼"和"理"。一是主导"礼治",清理废除学校不必要的冰冷的规章制度,让"礼"温暖管理与被管理的关系;二是理顺关系,理清思路。管理重在"理",不在"管"。最重要的是让教师认"理",知道自己什么可为什么不能为。厘清了领导与教师的关系、教师与学生的关系,管理关系变得融洽,大家以礼相待,以理服人。

(二)在学校规章制度制定中体现中华优秀传统文化

在学校制度文化建设的过程中继承中华优秀传统文化,既要注重校园制度的强制性功能,制定并实行规范化的管理条例和规章制度,以维持校园内的环境秩序;同时亦要注重其引导功能的发挥,要突出校园制度文化建设的人本理念,即通过软性文化与硬性制度规定的结合,充分发挥传统文化在制度实行过程中的协调作用,调动师生的主动性。一是规章制度制定发动全员参与,广泛征求意见,让其具有扎实的群众基础,得到绝大多数人的拥护认同,从而使师生自觉严格遵守;二是制度内容始终彰显"以人为本"。例如,《松桃民族寄宿制中学(松桃四中)教师考勤管理制度》中,并不要求教师上班签字、打卡,弹性坐班;明确规定如亲人生病陪护、家中红白事等多类特殊假不予考核扣分;对生重病教师予以特殊照顾等等,充分体现了中华优秀传统文化中的"礼治思想",充满了人文关怀和手足亲情,校园温馨如家。

(三)在学校规章制度执行过程中体现中华优秀传统文化

学校是教化育人的场所,僵硬地执行冰冷的制度只能使学校管理者与被管理者相互对立,天长日久便会离心离德。因此,我们将《论语》中所倡导的"自省、向善、宽恕"融入学校制度文化的执行中。例如,在《松桃民族寄宿制中学(松桃四中)教师履职考核方案》中规定对年龄较长的教师实行教龄加分奖励,对身患重病不在岗的教师免考核不扣绩效工资,对工作十分敬业教师出现工作失误予以宽容,对有小错误的教师进行善意谈话提醒,对喜欢标新立异的教师进行鼓励,对有突出贡献教师进行表彰,等等。宽厚仁爱的制度执行,师生就可以按照传统文化来要求自己,对自己身上存在的问题进行审视和纠正，学校就有了积极向上的力量。在规章制度执行过程中努力营造更加人性、宽厚、包容的氛围，有力地推动校园的道德建设，学校教风学风风清气正，时时处处充满正能量。

四、在各种校园文化活动中融入中华优秀传统文化，弘扬学校主旋律

要让优秀传统文化进校园，第一是要覆盖从小学到大学的教育各个学段，是固本工程；第二是要融汇于教材体系中，是铸魂工程；第三是要贯穿在人才培养的全过程。弘扬传统文化，学校负有不可推卸的责任。我国历史悠久，文化内涵丰富，各种传统文化形式如文学、书法、歌舞、戏曲、绘画、武术、太极等都能引进校园。我校通过创办"晨帆文学社""儒雅书画院""梦想之旅艺术团""中华经典诗词诵读会""百年经典合唱团"等社团，每年举办校园文化艺术节、演讲比赛、朗诵比赛、书画摄影展等活动，通过开展"社会主义核心价值观组歌传唱活动""红旗飘飘颂党恩征文活动""我与四中共成长演讲会""感恩有你文艺汇演""中华经典诵读会""百年经典歌曲大合唱""自信自强四中人书画摄影展"等一系列主题教育活动，弘扬学校德育教育主旋律，激发学生参与热情，师生在活动中逐步了解和接受传统文化，提高自己的修养，校园内也形成了浓郁的弘扬中华优秀传统文化的氛围。

校园文化建设对于校园建设和人才培养至关重要。具有深厚文化底蕴、融入中华优秀传统文化的校园文化建设既能创设优美的育人环境，彰显良好的校园形象，又能提高师生的综合素质能力，形成正确的人生观、价值观，保障学校健康持久的发展。学校是中华优秀传统文化传承的主阵地，教师是传统文化教育的引领者。因此，如何在校园文化建设中融入中华优秀传统文化依旧是学校值得认真探究的一个具有十分重要意义的课题，我们且行且探索。

此文发表于《铜仁教育》2019年第5期

松桃教育之现状与思考

近些年，松桃县委、县政府始终把教育摆在优先发展的地位，把教育当成最大的民生工程来抓，持续打好教育破冰、攻坚、提速战，松桃教育得以健康长足发展，教育各项工作推进与全市各区县同步进入快车道。然而，在教育改革与发展过程中，教育发展的不平衡、不充分等问题日渐显现，人民群众期盼优质教育的呼声越来越高，如何更好地抓好松桃教育以提高群众的满意度就成了摆在全县教育工作者面前的一个重要课题。我们对松桃教育之现状进行调查与研究，以期从中剖析问题及其成因，探索松桃教育改革发展之路径与对策，为县委、县政府振兴松桃教育提供参考。

一、松桃教育现状分析

（一）松桃教育取得的突出成绩

1. 重教之风日趋浓厚

全县尊师重教蔚然成风，主要体现在：一是县委、县政府高度重视教育。新一届县委以复兴振兴松桃教育为己任，以穷县办强教育之战略眼光，以后发赶超之信心决心，对教育大事优先研究、对教育问题优先解决、对教育人才优先保障，用这"三个优先"之实际行动兑现了最多的财力投入教育、最好的土地修建校舍、最漂亮的地方是学校、最先进的设施装备教学这"四个之最"的承诺，实现了松桃教育学校校舍高端化、教学设备现代化、高中教育县城化、幼儿教育集团化、表彰奖励常态化等松桃教育的"新五化"。县委、县政府对教育重视程度之高、改革力度之大、投入财物之多全县有目共睹。各乡镇以县为榜样，全县各级党政以重教为本、兴教为荣、尊师重教之良好风尚已形成。二是家庭更加重视子女教育。家长盼望子女接受优质教育的意愿更加强烈，家长在县城租房送子女读书，在县外选择名校读书的现象突现。三是社会更加关注教育发展。社会各界关注、关心教育度更高，学校、家庭、社会三位一体的教育格局正在形成，尊师重教氛围之形成为松桃教育发展提供了绿色的教育生态环境，全县适龄学生在全社会的高度关心与重视下都已经"想读书"。

2. 办学条件日臻完善

"十二五"以来，全县以"4 + 2 教育突破工程"为契机，总投资19.038 亿元在城区新建高中 2 所、城镇义务教育学校 2 所、幼儿园 2 所、职校 1 所，修建学生宿舍 96 个、教师公租房 155 栋（含周转房）6 752 套、食堂 255 个、乡镇中心幼儿园 26 个，改扩建山村幼儿园 443 所，共建校舍面积 756 529 平方米；修建塑胶运动场 102 个、厕所 263 个。全县生均占地面积、校舍面积均达到国家相关标准，全县各校全面实现了建筑安全、校舍够用、学校漂亮的目标。

同时，全县大力实施教育信息化、现代化建设工程，投入 3.736 6 亿元，配备教师办公电脑 7 993 台，"班班通"终端设备 3 088 套；新建录播室 94 间，计算机教室 186 间，装配电脑 6 330 台，电子阅览室 44 间，装配电脑 1 410 台；光纤入网学校达 268 所，对 97 所学校实施了校园网络改造，实现了无线网络全覆盖，组建了覆盖 28 个乡镇（街道）的千兆教育城域网，利用教育城域网组建了全县教育视频教研（会议）系统、录播教研系统、网上阅卷系统、县教育局培训中心；建设 399 所校园安全监控平台。实现了全县中小学（点）接入互联网达 100%、"班班通"班级设备覆盖率达 100%、教师学习终端（一师一机）覆盖率达 100%、乡镇以上中小学接入教育城域网达 100%、村级完小以上学校光纤接入互联网达 100% 的"5个100%"的目标。全县各学校基本实现教育技术现代化。

基础办学条件的不断改善，解决了松桃这个人口大县适龄学生入学难的问题，一些学校办学条件已经达到省级一类示范校建设标准，全县基本实现最好的房子是学校、最漂亮的地方是学校、最先进的设备是学校，全县所有学生都已"能读书"。

3. 普及程度明显提高

全县学前教育三年毛入学率达 93.8%，小学适龄儿童入学率达 99.993%，初中适龄少年入学率 97.7%，三类残疾儿童少年入学率 93.2%；小学六年巩固率 95.2%，初中三年巩固率 97.7%，九年义务教育巩固率 88.3%；16~18 周岁适龄少年高中阶段教育毛入学率 93.2%，各指标全部高于省定标准。小学学生辍学率 0.004%，初中学生辍学率 0.2%，高中学生辍学率为 2.86%，中职学生流失率 8.18%，各项指标都控制在省定标准以内。松桃这样一个"老、少、边、穷"县，这样一个人口多、底子薄、经济差、教育长期相对落后的地方，教育普及程度基本指标能全面超额完成，这绝对是松桃教育的一项光荣业绩。这些数据充分说明，松桃适龄学生该读书的"在读书"。

4. 非义务教育领先站位

一是中职招生从招不到学生到现在达到 5 000 人的办学规模，我县中职学生专业技能在全省大赛中领先全市，进入前列，特色课外活动花鼓舞在《人民日报》上被报道，中职教育正在实现做大做强的目标；二是学前教育"山村幼儿园"建设在全市、全省推广并在联合国作经验交流发言，山村幼儿园的提质升级正把我县创建的"山村幼儿园松桃模式"逐渐演变成"山村幼儿园松桃标准"。非义务教育阶段的学生已经初步实现了"书读好"。

（二）松桃教育面临的突出问题及成因浅析

松桃教育在较低的起点与全市各区县同步"两基"攻坚，与全市各区县同步推进"教育均衡",取得的成绩是有目共睹的。但随着教育改革的不断推进和教育事业的不断深入,教育发展中的一些不平衡、不充分、不和谐的问题日渐凸显,主要表现在:

1. 松桃教育自信正在沉沦

以中、高考教育质量已经滑到全市最低水平的"下滑论"和以松桃教育因客观原因制约不可能赶超其他区县的"无用论"为主流的论调正在全县教育系统兴起。社会个别人士以简单的中、高考高分人数排名为依据全盘否定松桃教育取得的成绩正在打击松桃教育人的自信。这些年,松桃把主要精力放在了学校基础建设和普及攻坚上,对教育质量出现了一手硬一手软的情况,这是松桃的特殊县情,松桃首先得抓基础建设、抓教育普及攻坚。其他区县教育普及比我县早,早已在抓教育质量提高,差距是肯定有的。客观地讲,松桃的高中教育不论是管理还是质量都是稳步上升的;初中教育也有一些学校不论是管理还是质量在全市都是靠前的。我们只有准确研判松桃教育质量所处的实际位置,才能理顺松桃教育人对松桃教育现状的纠结。松桃教育现在需要的不是声讨而是支持,不是责罚而是鼓励,不是唱衰而是加油。松桃教育正在过多的负面舆论中丧失自信,这是松桃教育的"新愁"。松桃教育急需要重振信心,只有宣传教育正能量,弘扬教育新精神,全县教育工作者才能凝心聚神,松桃教育才会绝地反击,松桃教育才有希望后发赶超。

2. 县东西部教育发展严重不平衡

2017年中考,东部14所学校考生2 146人,占全县初中毕业考生总数7 736人的27.8%,接近全县考生总数三分之一,而考700分以上人数却只有23人,只占全县700分以上的7.3%,还不到十分之一,其中有8所中学700分以上人数为零。在全市228所中学中,中考总分平均分排在全市倒数十名的学校中松桃就有7所,全在东部片区。松桃教育整体总是无法与其他区县相比,就在于东西部学校发展差距太大,这是松桃教育发展最应该重视的一块"短板"。导致东部教育质量低下的原因是多方面的,优质生源流失，家庭重视不够，社会氛围不好，但更主要的是学校管理方面的原因。

3. 整体质量一直处于全市倒数

2017 年全市小学六年级终端检测，全市语文平均分 67.18 分，我县语文平均分 59.99 分，与全市语文平均分最高的碧江区 74.41 分相差 14.42 分，位列全市倒数第一；全市数学平均分 67.05 分，我县数学平均分 58.28 分，比全市数学平均分最高的江口县 80.25 分差 21.97 分。2017 年中考，我县考生 7 736 人，700 分以上只有 315 人，绝对数比万山区多，但比例数却是倒数第一。十多年来，松桃小学终端检测、中考、高考一直都处于全市倒数，教育质量没有得到快速提高，这是老百姓最大的关切，这是松桃教育的一块"硬伤"。抓松桃教育质量是一个系统工程，要抓方向、抓全局，一定要从小学抓起，驰而不息，才能久久为功。

4. 优质教育资源供给严重不足

城区及重镇优质教育资源供需矛盾突出，在县城入园、入学难，城区大班额现象十分普遍。松桃一小平均班额 61 人，松桃四中平均班额 72 人，远远超过国家标准。大班额现象在城区占了全县中小学生的很大比例，客观制约了全县教育质量的整体提高，这是松桃教育质量真正的"痛点"。要解决好进城务工子女、移民搬迁子女读书问题，要满足家长想让子女"上好学"的愿望，首先要解决好城区学校大班额问题。要实现真正意义上的教育均衡和教育公平，松桃还有很长的路要走。

二、对松桃教育发展的建议与思考

（一）科学调整学校布局，优化教育资源配置，实现高标准教育均衡

随着松桃城镇化提速，松桃教育结构性矛盾越来越明显，松桃教育的主要矛盾是城镇优质教育资源需求大而供给严重不足。要解决城区和重点乡镇中小学、幼儿园入学难，城镇大班额问题，松桃要着力围绕新型城镇

化目标，大力调整中小学布局，优化教育资源配置。一是按照"城教一体"的城镇化发展思路，将中小学、幼儿园纳入城镇化发展超前规划，统一编制，同步实施。二是要加快城镇中小学、幼儿园建设，县城内尽快规划建设公办幼儿园6所（规模360人/所）、小学2所（1 200人/所）、初中2所（1 800人/所），孟溪镇、大兴镇应尽快规划建设第二完小。同时建好已纳入规划实施的县实验幼儿园、实施好一小、二小、三小拆建工程，建好思源实验学校和七中。三是适度控制城区学校办学规模，我县城镇学校办学规模普遍过大，不利于学校精细化管理和教育质量大幅度提高。教育部已有文件规定控制班额，且学校小班制教学已成为当今教育发展的趋势之一，松桃不能背道而驰。四是要办好乡镇教育。我县乡镇学校硬件建设已基本能满足教育所需，其投资方向应向信息化、现代化迈进，重点是要加强学校精细化管理，全面提高教育质量，促进学校内涵式发展。通过布局调整，优化资源配置，消除城乡教育二元结构，提速城镇教育优质资源供给，实现高标准县域内教育基本均衡。

（二）注重校长队伍培养，多措并举打造名校长、名师，为松桃教育发展提供智力支撑和人才保障

"一个好校长就是一所好学校。"松桃优秀校长稀缺，懂教育的专家极少，导致教育管理始终粗放，学校内涵发展始终在低水准徘徊，教育质量提高一直呈缓慢爬行。如何打造一支名校长、名师队伍？一是要制定松桃教育专家团队培养规划，把爱教育、懂教育的年轻干部纳入培养体系，平时加强培养，急时招之能来，来则能用。二是要采取"走出去，请进来""上挂职下锻炼""外考察内培训""既拜师又带徒"等多种方式，培养锻炼干部和培训骨干教师。三是要打通全县名校长、名师和骨干教师的成长和进出口通道。在教育干部选拔、任用上真正能体现能者上、中者让、庸者下，让想干事的人有希望，干成事的人不失望，培养一大批有教育情怀、有高尚师德、精教学业务、长学校管理的名校长和骨干教师。四是要建立科学的名校长、名师奖励激励机制，在名誉、薪酬等方面尽可能给予

优待，如设立县教育特殊津贴、设立名校长名师工作室专项经费等，让名校长名师们的待遇得到不断改善。总之，松桃教育要实现提速超越，教育干部队伍培养更要超前实施。

（三）统筹各方力量，强化教育管理，打造松桃大教育良性新生态

松桃教育质量整体性评价不高的主要因素是高中教育出口不畅，东部教育是严重短板。如何改变这个现状？一是要采用非常规手段加强学校管理。医治教育系统长期相对"庸、懒、散"的疾症，解决学校执行力不够的问题，重在执纪问责。教育局纪检监察室、效能办在学校管理中要充分发挥特殊作用，要用好巡察利剑，落实责任，强化担当，确保上行下效、政令畅通，让全县教育系统风清气正。二是用集团化办学模式带动薄弱学校发展。要用城区优质学校在城边或乡镇薄弱学校中办分校、全国名校在松桃办分校、国际学校在松桃办国外教育班等集团化办学和国际化办学新模式，让先进教育理念相互渗透、先进教育方法相互吸收，相互竞争教育质量，来提高我县薄弱学校和普通高中的办学水平，促进我县教育跨越式发展。三是依托我县教育新优势，打造松桃教育新特色。松桃幼儿教育列车已驶入全国教育视野，接下来要在普及基础上做到优质和特色，让幼儿教育成为展示松桃教育的一张响亮名片。松桃中等职业教育可依托松桃自然资源和工业园区技术优势办成以民间工艺、民族医药、特色食品、旅游产品为特色专业的办学主体多元、管理机制灵活、与市场对接程度高的中等职业教育特色办学之路。

（四）强化教育目标导向，专注教学指导督查，用非常之功树松桃教育质量之旗

解决群众满意度低、社会反响强烈的教育质量不高的问题是松桃当前及今后一段时期教育工作的重中之重。抓教育质量应重点做好以下工作：一是挥好教育质量指挥棒。教育局要尽快制订振兴松桃教育质量一年突出垫底重围、两年争占全市中位、三年挺进铜仁前列的教育质量提高计划。

每年要把小、中、高考质量目标任务层层下压，纳入对学校、对教师年度考核，实行一票否决：非特殊原因学校教育质量不达标学校不予评优、学校绩效考核奖金按末等发放；教师教育质量不达标在评优、晋级、评职称、职称年审、绩效、效能奖金、工作调动等事项上一律免谈，年度考核不定等次。只要挥好教育质量这根指挥棒，全县教职工定能围绕目标，专注教学、克难攻坚，教育质量定能全面提高。二是要念好课堂教学指导经。全县教师课堂教学普遍存在课堂容量小、教师讲得多、学生能力弱的问题，教师付出多，课堂效果差。教育局基教科、教研室、督导室应有专家团队，应配备或从外聘请一批懂管理、精教学的专家队伍针对东部薄弱学校逐校把脉问诊，开方抓药。要蹲点指导，实现整改一所，改变一所，提高一所。要逐校打阵地战，不见成效，绝不收兵。三是要做好数据监测分析表。教育局分管领导及教研部门要注重过程质量监测，要求各校在检测、考试、阅卷中做好高标准数据统计，要对接好中、高考考试科目和内容，对所有数据应系统分析，随时监测，有问题及时诊断整改。只有加强教学过程管理与监测，教学质量提高才会在自己掌控之中。四是要督好教学管理常规事。县人民政府督学和教育督导室、教研室等部门要督导好全县学校管理和教学常规。在对学校工作专项督导中，对有违师德师风、不落实教学常规、不能完成教学目标任务的要一律予以追究，该培训的培训，该通报的通报，该处分的处分，该调离的调离，该免职的免职，让执纪问责成为新常态，形成新震慑，要用督查铁腕和指导力度来最快最大限度地提整教师们的精气神，让教师的教育教学重新焕发活力与生机。

松桃教育正处在改革与发展关键期，机遇与挑战并存，困难与希望同在。非常时期必用非常手段方能成非常之功。我们坚信，有县委、县政府的正确领导，松桃教育必将重拳出击，全县教育工作者定能不忘初心，牢记使命，砥砺前行，松桃教育走出洼地占领高地也必将指日可待。

此文发表于《铜仁教育》2018 年第 4 期

薄弱学校提高教学质量之路径探析

教育质量是学校发展的生命线。薄弱学校如何在较短时间内突破管理瓶颈，培育优良校风，实现提质增效？现结合我校探索与实践，谈几点肤浅认识。

一、加强环境整治，创建优良校区，让师生"可教可学"

薄弱学校教育质量不高存在的共性问题主要有教学环境不优、教学管理不严、教学风气不良、教学方法不当等。如何创建优良校区，为师生提供一个良好的教学环境，让教师"可教"、学生"可学"？我们主要采取了以下措施：一是积极改善教学环境。投资2千多万元新建田径场、篮球场，新建标准计算机室、录播室、梦想教室、未来教室，对教室、功能室、寝室、食堂进行全面装修，高标准打造"三香校园"（书香、墨香、花香），为师生创建了一个集绿化、美化、净化、文化、现代化于一体的校园教学环境。二是彻底整治外部环境。加强校园周边环境整治，协同相关部门重拳打击在校内寻衅滋事影响师生教学的违法犯罪行为，切断学生与社会闲散人员的联系，斩断伸向学校师生的校外"黑手"，让师生教学不再受外界的干扰和影响，安心教学、学习。三是切实减轻师生负担。在教学管理中，减少不必要的会议，减少不重要的检查，减少无实效的培训，减少无意义的活动。积极为师生创建宽松、和谐、愉悦的教学氛围，让教师沉下心来教书，让学生静下心来学习。通过校内外软硬环境的治理，客观上为师生创建优良的教学环境，实现师生"可教可学"。

二、加强师生管理，营造优良校风，让师生"勤教勤学"

提高教育质量有方法可以探索，但教育质量的提高绝对没有捷径可走。唯有教师勤教，学生勤学，才有优良质量。为此，我们采取了以下措施：一是加强师德教育。通过政治业务学习、师德师风主题教育、党风廉政警示教育、严格执行学校教师管理制度等措施，扎实开展师德师风教育活动，传递教书育人正能量，让教师明事理、懂规矩，严守师德规范，把主要精力用在教书上，切实做到教书育人，为人师表。二是加强学生养成教育。为改变学生上网吧、打架、抽烟、逃学、早恋等不良行为，学校制定了《松桃民族寄宿制中学学生管理十条禁令》《松桃民族寄宿制中学安全管理十项规定》《松桃民族寄宿制中学班级管理考核办法》等规章制度，并执行扣分、通报、处分、接回家教育等惩罚方式，同时在管理的不同阶段根据学校存在的突出问题实施专项整治。通过持续不断的措施接力和高效整治，学生违规违纪现象得到了彻底治理，学生将注意力转移到了学习上来。三是加强教学常规管理。为让师生行为有标准，我校印发《松桃民族寄宿制中学教学常规管理手册》，对教师备、教、批、辅、考等教学常规流程进行系统修订；出台《松桃民族寄宿制中学学生一日常规》，对学生日常行为进行系统养成教育。通过定制师生教学常规和严厉监管，师生思想行动都统一到了教学上来，真正让师生为获得优良教学质量而"勤教勤学"。

三、强化奖励导向、实现榜样激励，让师生"乐教乐学"

如何调动教学工作的积极性，让教师乐教，学生乐学，学校需要走好三步棋：一是强化质量目标导向。强化教师教学目标，各班各科各项指标责任到人，实行教师晋级、评优、评职称教学质量"一票否决"。在学校，没有教学质量就没有发言权，没有教学质量就没有"领奖台"，没有教学质量就没有"工作台"。强化学生学习目标，各班主任与学生一起制订每次考试学习目标，严格考试环节，每次考试后学生对照目标分析总结，提出应对和整改措施，未达目标，教师及时找学生谈话谈心并进行一对一单独辅导。双向目标的确立，让师生心往一处想，劲往一处使。二是兑现教学奖励。学校通过设立"教学质量综合考评奖""教学质量特别贡献奖""中考教学质量奖""年度评优评模奖"等奖励来调动教师工作积极性。这些奖励措施的出台和兑现，逐步形成了教师不甘落后、想上课、想辅导、上好课的教学氛围，教师的教学不再是在苦海中劳役，而是在快乐和价值体现中感受幸福。同时，通过举行"每期一次优秀学生评选表彰大会"、每年举办"学习明星光荣榜宣传展览"、创建"历届杰出学生榜样墙"、汇编"学生成长蜕变档案袋"，让学生看到身边榜样，受到激励鼓舞，增加了学生的学习信心和上进心，让学生感受到了学习的快乐。三是打造学习交流平台。通过创建"晨帆文学社"、开放"三味书屋"、组建读书互助社、成立"梦想艺术团"、成立"儒雅书画院"、举办文化艺术节，为师生搭建学习交流平台，师生在各种社团活动中才能得到培养和发挥，师生真正实现了"乐教乐学"。

四、强化教研教改，推进方法创新，让师生"会教会学"

培养学生自主、高效的学习习惯历来是教育者的最高追求。为此，我校高度重视教研教改，始终以教改为突破口，对目标教学法、洋思教学模式进行研究，结合我校学生实际不断创新教学方法。学校教师对教研教改表现出极大的激情，全校教师承担县级以上教改实验46项，教师自编教辅教材22本，县级以上骨干教师、名师62人，研究型教师团队基本形成。通过不断的探索实践，我校英语学科总结的"听说领先、读写跟上"、数学科提炼的"勤思多练，深入浅出"、语文科得出的"做中学、玩中学"等学科教学模式得以成型推广，师生在教改实验中教得更轻松，学得更快乐，真正实现了"会教会学"。

经过五年的探索实践，优良校风逐步形成，学校教育质量不断提高。学校四年荣获铜仁市教育系统先进集体，四年荣获铜仁市城区公办初中教育教学质量先进单位，连续五年荣获松桃苗族自治县教育目标管理先进单位，连续五年荣获县一类校教育质量一等奖。学校管理及教育教学质量如一面旗帜在松桃苗乡上空高高飘扬。

此文发表于《铜仁教育》2020年第4期

农村教研如何走出困境

教研是教育的先导，是教学的源泉。没有教研，教学无生机；没有教研，教改缺动力。要使农村教育顺利转轨，全面实现教育现代化，必须全面加强和改进农村教研工作。为此，本文结合实践，谈谈农村教研如何走出困境。

一、桎梏农村教研的症结所在

我乡是个典型的边远贫困乡，其教育改革与发展状况与我省大部分农村乡镇共性极多，这对阐述当前农村教研现状具有可参考之处。回顾1998年之前我乡教研状况，旨在从中总结出些农村教研存在的主要问题。

（一）对教研工作认识不够

因缺乏理论学习，部分领导、教师对教研存在两种认识误区：要么认为教研不重要，开展与否没关系；要么认为教研就是听课、上课或比赛。这种对教研的肤浅认识，长期束缚着农村教师的教研观，成为农村教研难以走出困境的思想障碍。

（二）教研队伍素质偏低

农村学校因地处边远，条件艰苦，素质高的教师分不来，留不住。因此，大部分教研组长为民代教师（或民转公教师）。这支没受过系统教育理论培训的教研生力军，明显"营养不良"，致使农村教研乏力。尽管县教研室重拳连出，但农村教研水平始终无法得到提高。

（三）教研方式单调

笔者曾对我乡教研状况进行全面检查，发现所有学校都开展了诸如"说、授、评"等常规教研，但无一校开展过课程研究或教改实验。更让人遗憾的是，通过问卷调查，大部分教师对课题实验方案或课题研究报告等学术性应用文写作一无所知。这种单调、落后的教研方式，从方法上制约了农村教研的发展与进步，也成了农村教研未进入实质性研究，未取得突破性进展的症结所在。

（四）教研资源匮乏

由于经济滞后、认识不足，农村教研资源匮乏，多数学校处于无教研经费、无书刊资料、无经验交流的"三无"状态。教师习惯于静处"桃花源"中传道授业，往往"不知有汉，无论魏晋"。这种封闭式的教研，客观上截断了教师与外界的接触与联系。教师不了解国家最新教育改革发展动向，无法吸收世界最新教育科研成果，教研组名存实亡，致使农村教研始终在低阶段徘徊。

二、让教研走出困境的具体实践与思考

面对困境，我们深刻反思，反复研究，决定从"构建高素质教研队伍、营造具有激励导向的新研氛围、强化教辅站教研职能"这三个层面上入手，对我乡教研进行全面加强和改进。

（一）构建高素质的教研队伍

如何构建一批高素质的教研队伍？我们走好"整改、培训、交流"三步棋。

1. 整改各校教研组

教研组是教研工作的前沿"组织部"，它是否具备教研能力，事关教研成败。针对我乡原教研组小而全、小而差的实际，我们在遵循"精简、充实、提高"的原则上，采取该撤则撤，该并则并，大胆整改，并规定"各村完小原则上不再分科设组"，"综合教研组长由校荐站考，上级下文任命"。为了集中教研资源，实施教研带动，还成立了由教研组长和骨干教师组成的"乡教研中心"，教研员直接组织开展工作，专门推广最新教改成果，进行课题研究或教改实验。

2. 加强对教研队伍的培训

面对现有教研人员，如何使他们的整体素质在短时间内有较大提高？外出考察、脱产进修皆不符合农村实际。我们采取"自我培训"模式，在培训中重点抓好"三个结合"：一是全员培训与重点培训相结合，对全员侧重培训国家教育方针、政策、法规与教育理论，使其树立科研兴校，科研兴教观念，促进全员参与；重点培训对象为各校校长、主任、教研组长，培训内容主要涉及学校对教研的管理、组织以及进行课题研究的具体办法与技能。二是开展常规教研与进行课题研究相结合，两者互为补充，相互促进，教师在学习中成长，在实践中创新。三是把对教研人员的培训和对当前国家培训教师的具体措施相结合。抓好继续教育，使教师具备扎实的教学基本功，组织好"教学能手"评选，让教师在自评与他评中提高自己，进而培养大批教学骨干和学科带头人。

3. 抓好教研队伍的交流

我们每年举办一届交流会，与周边双优文明校进行教研联谊，走出去参观，请教学能手来授课，广泛交流，大大开阔了教师视野，使他们的观念有了根本转变。实践证明，对教研组进行有效整改，采取"自我培训"模式，广泛与外界交流，确为培养高素质教研队伍的有效举措。这也正如我在《教研工作总结》中所言："至此，教研工作已达到'四个到位'，即组织到位、认识到位、经费到位、操作方式到位。"（原载《松桃教研》2001 年第 1 期）因此，我们认为，构建一支思想素质过硬、业务素质精良的教研队伍是农村教研得以快速突破与持续发展的前提和保证。

（二）营造具有激励作用的教研氛围

如何营造一个宽松、和谐、具有激励导向的教研氛围，让教研得以健康、持续推进？"三创"便是我们的实践结晶。

1. 创设具有激励作用的奖惩机制

我站先后出台了《教师考核评估方案》《教研工作奖励办法》《教研管理细则》等规章制度，规定：对在乡级以上教研活动中获奖的个人视其获奖等次给予物质奖励和考核加分；对在课题研究或教改实验中取得成绩的教师授予"教研先进个人"荣誉称号；教研成绩突出的教师在评优、晋升中级职称上优先考虑。科学的评价体系和严格的奖惩兑现，极大地调动了教师参与教研的激情。

2. 创造有利于教师教研的机会和条件

在"乡教研中心"，仅订阅的刊物就达 16 种，教师不受时间限制可自由查阅。每周一次的公开课、示范课、优质课，都是教师展示教研能力的机会。我们力求通过组织参与县教研室举办的各种竞赛，让教师体验成功。当我们在全县优质课竞赛、论文评比、教案评比等活动中取得好成绩时，教师受到了极大鼓舞。这种模范与榜样的互相激励与鞭策，让每个教师都跃跃欲试，想在教育这方舞台上一显身手。

3. 创办教师自己的刊物

为了鼓励教师撰写论文，我站虽拮据，但仍抽出经费，创办《永安教育辅导》这本以"宣传教育方针、推进教育改革、加强教研工作、辅导教师教学"为宗旨的内刊。此刊一露面，立即引起教师共鸣，成了教师孕育论文发表的初审站，使我乡教师论文发表自 1998 年突破零后，呈倍数递增。

由此，我们得出这样的结论：营造一个宽松、和谐、具有激励作用的教研氛围，是农村教研永葆活力、永具魅力的希望所在。

（三）加强教辅站教研职能

教辅站作为贯彻国家教育方针的基层督导机构，在其众多职能中教育辅导职能居首。摆在教辅站面前的首要问题不是事务问题，而是教育方针的贯彻执行问题。当前，正值素质教育探索实践阶段，教辅站的工作重心应是督导教师着力于教育教学研究，切实推进教育改革。教师整天事务缠身，我们认为是舍本逐末。基于这种认识，我站各届领导都对教研给予高度重视。前任领导狠抓教学常规，为我乡教师向纵深发展奠定了坚实基础。现任领导致力于教学研究，并以其曾任教研员的实践经验，协调上下关系，使我乡教研得到了各界的广泛支持，对推进我乡教研发展起到了十分重要的作用。教研员作为农村教研的直接组织者，在建设教研队伍、健全教研制度、督导教研开展等方面具有不可推卸的责任。我们可否这样认为：教研员严守职责，在教研领域与教师通力合作，模范引导，开拓创新，并尽最大能力对各校教研予以督导，这也是农村教研走出困境不可缺少的条件呢？其实，事实已证明，不加强教辅站的教研职能，没有站领导与教研员的高度重视，农村教研是走不出困境的。

本文发表于《黔东教育》2002 年第 4 期

乡镇 "两基" 如何突出重围

教育是现代文明的基石。教育的基础是"两基","两基"是"科教兴国"的奠基工程。2005 年，我县将接受省人民政府的"两基"验收，为此，打好"两基"攻坚战，成了当前教辅站工作的重中之重。然而，面对困难重重的乡镇"两基"攻坚，如何突出重围？本文拟结合我站在暑期开展"两基"攻坚的具体实践，就如何开展宣传、重建"三册"、规范档案、安排扫盲教育等工作谈点肤浅认识。

一、桎梏乡镇"两基"攻坚的症结所在

我乡是一个典型的边远贫困乡，其教育改革与发展状况和大部分农村乡镇共性极多。我们对我乡攻坚前的"两基"状况予以回顾，从中总结出乡镇"两基"主要存在五个问题。

（一）对"两基"工作认识不够

缺乏理论学习，对"两基"工作主要存在几种认识误区：有人认为，"两基"是搞软件，是教育部门的事；有人认为，"两基"是劳民伤财，走形式，走过场；有人认为，"两基"工作困难重重，教育部门无能为力；有人认为，边远乡镇，不会被验收。这种对"两基"工作的肤浅认识，主观上束缚了干部群众的"两基"观，成了乡镇"两基"攻坚难以突出重围的思想障碍。

（二）"两基"攻坚队伍素质偏低

农村乡镇因地处边远，条件艰苦，高素质人才分不来，也留不住。大部分村完小"两基"业务人员为民转公教师或代课教师。这支没有受过系统培训的"两基"生力军，明显"营养不良"，致使乡镇"两基"攻坚乏力，尽管县"两基"办公室重拳连出，但乡镇"两基"攻坚水平始终无法提高。

（三）"两基"攻坚操作方式贫乏

"两基"攻坚是一个不断探索、不断创新的过程，因循守旧不可行，照搬经验不可取。但乡镇在实施"两基"攻坚过程中，往往不能立足乡（镇）情、因地制宜、统筹安排，而是学不能用、方法陈旧、思路滞后。贫乏、落后的操作方式，从方法上制约了乡镇"两基"攻坚的进展，也成了乡镇"两基"未进入实质性攻坚阶段，未取得突破性进展的症结所在。

（四）"两基"攻坚资源匮乏

由于经济滞后，认识不足，乡镇"两基"攻坚资源匮乏，多数乡镇处于缺攻坚经费、缺办学条件、缺师资力量、缺经验交流的"四缺"状态。这种处于无米之炊境地的"两基"攻坚，客观上阻碍了"两基"攻坚的步伐，致使乡镇"两基"始终处于低阶段徘徊。

（五）"两基"攻坚面临政策障碍

在实施"两基"攻坚过程中，因历史的、政策的原因，常有一些政策性困境难以突围：要使文化户口准确，必先规范户籍管理；普及教育档案要规范，必先大范围制止无序招生的乱象；外出务工人员增加，扫盲与补偿教育难开展等。这种跨部门，超地域的政策障碍，仅靠教育部门明显力不从心，"两基"攻坚依旧任重道远。

二、实施"两基"攻坚的具体实践

全县"两基"攻坚动员会和培训会召开之后，面对困境，我们深刻反思，根据县"两基"攻坚办的安排和部署，通过反复研究，决定从以下几方面入手，对我乡的"两基"攻坚予以突围。

（一）成立"五个机构"，制定"五个方案"，建立"五种制度"

"两基"攻坚是一场战斗，必须加强领导，精心部署。为此，我们成立了"五个机构"，即"两基"攻坚领导小组、"两基"督查小组、"两基"攻坚办公室、教育执法队、扫盲与补偿教育工作站。制定了"五个方案"，即《"两基"攻坚实施方案》《扫盲与补偿教育实施方案》《保学控辍方案》《"两基"工作考评及奖惩方案》《农业实用技术培训方案》。出台了"五个制度"：一是明确相关部门职责，双线层层签订责任状，实行领导负责制下的责任追究制。二是实行乡党政领导定点联系学校制度。三是实行乡直各部门定点帮扶学校制度。四是实行"两基"工作定期不定时督查制度。五是"两基"攻坚期间各办公室上班实行签到制度。相关组织的成立，相关措施的出台，为"两基"攻坚的顺利开展提供了政策保障和强有力的组织保证。

（二）户口调查制"五表"，重建"三册"设"五关"，规范档案求"五化"

为了全面调查核准文化户口，我乡采取了统一指挥，集中操作的办法。由乡"两基"攻坚办事先制"五表"：一是教师分组承包责任表。此表能直接查看村组编号，查看全乡各教师的承包村组及各组的行政责任人和业务责任人，谁出错，一看便知。二是村民组基本情况统计表。此表编有户号，表上能知该组多少户，是哪几户，每户多少人，男、女、少数民族人数各是多少。三是各村民组各年龄段人口统计表。各教师在核准了本村民组的人口底数后，把各年龄段人口记录到 0～50 周岁表册上，并统计出各年龄段的人口总数、男性人口数、女性人口数和少数民族人口数，从而使汇总的工作量向下分解，降低出错率，达到了提高教师业务能力的目的。四是村组验收情况登记表。用于记录验收情况。五是外出务工户联系表。此表用于记录举家外出户的联系方式，以便教师在以后调查时能及时取得联系。

为了保证文化户口的调查真实准确，我们在"三册"重建过程中设置了"五关"：一是村民组长签字关。村民组基本情况统计表上必须有村民组长签字盖章，避免教师不进村入户。二是业务组长督查关。教师进村入户后，乡"两基"办分组到各片区进行督查指导，发现错误及时纠正。三是验收组的验收关。乡"两基"办确定"验收操作办法"和"验收应查项目"，分组对各教师所交表册进行验收，按照谁验收谁负责，严格把关，保证数据准确，填表正确。四是抽样审核关。乡"两基"办对业务不熟的教师所交的材料、易出错的表册进行抽样审核，如有错误，责回重查。五是抄表复查关。抽业务精湛、书写规范的专人抄写，不让错误漏网，最终形成规范、准确美观的"三册"。

　　整理、规范"两基"档案，是暑期"两基"攻坚的重点之一，在此项工作中，我们力求达到"五化"：一是分工具体化。全乡先分成教辅站、中学、乡完小三组整理"两基"档案，每组根据教师的特长进行具体分工，做到各行其是，各尽其责，不推诿误工。二是装档示范化。让能装档的先装，组织参观，示范引导，推动全乡"两基"档案的规范。三是表册数据科学化。努力做到表与表之间关系符合逻辑，数据科学真实。四是装订规范化。严格按照县"两基"办的装档要求进行装档。五是整理手段现代化，所有材料能打印则打印，不滥竽充数，不粗制滥造。

　　（三）"两基"宣传有"五进"，安排扫盲有"五包"，保学控辍有"五法"

　　为使"两基"工作家喻户晓，深入人心，我们加强了"两基"攻坚宣传，其措施主要有"五进"：一是宣传队进街。乡"两基"攻坚办与教育执法队组成联合宣传队，在街上播放广播，分发资料，为老百姓提供教育法律法规咨询，宣传"两基"攻坚意义和政策。二是宣传栏进村。在各村人员集中区，乡"两基"办和各村完小，抽专人负责主办"两基"板报和专栏，刊载县乡"两基"攻坚文件，通报全乡"两基"攻坚进展情况，宣传"两基"攻坚措施，报道"两基"攻坚中的好人好事。三是

"宣传车进'基'"。乡"两基"办公室负责录制广播稿，由一辆"两基"攻坚宣传专车和二十辆"教育执法摩托车"组成"两基"攻坚宣传车队，在街上流动宣传，不时在各村公路上来回宣传，并把录音带发给各村完小进行广播。四是宣传会进组。各村组承包教师在进村入户时，与包村干部一起组织召开群众会，向广大群众面对面宣传"两基"工作，动员适龄儿童、少年接受义务教育，组织相关人员参加扫盲教育和补偿教育。五是宣传单进户。乡"两基"办印制了《给全乡干部群众的一封公开信》《教育法律法规条文选录》《"两基"工作须知》等宣传材料，自编自写、通俗易懂的标语，进村入户下发到每一个农户的手中，并张贴在各村组醒目位置，全方位多形式的"两基"宣传，让干部群众对"两基"工作看得清楚，听得明白，觉得重要，晓得尽责。

扫盲教育是"两基"攻坚的难点之一，为搞好扫盲工作，我们在安排上主要有"五包"：一是政府包组织动员。政府工作人员对扫盲对象分人分片承包，负责组织扫盲对象接受扫盲教育。二是站校包教。在文盲集中地开办扫盲班，在文盲分散区实行送教上门；农技站、畜牧站则利用技术培训推动扫盲教育。三是经费包干。政府按一个文育 20 元的扫盲经费下拨，由教辅站统一安排。四是师生包人。对子女是初中生的文盲由其子女协教，中学教师承包；其他各村文盲则由本村校教师承包。五是人人包脱盲。承包教师对所承包的文盲进行扫盲教育，经乡"两基"办验收合格，发给证书，再兑现扫盲经费。为了切实做好保学控辍工作，做到该读书的一个不能少，我乡采取了以下"五种方法"：一是导堵结合。一方面通过广泛宣传动员，让学生及家长充分认识读书的重要性，使家长想方设法送子女读书，不再让其辍学打工；另一方面，乡派出所、计生部门不予办理外出务工相关手续，堵塞学生外出打工渠道。二是法情并重，加强教育执法。乡教育执法队对外出打工的适龄儿童、少年发《入学通知书》，责令其家长追回子女入学，否则予以处罚；对不送子女入学的监护人，耐心说服，以情感人，让其送子女入学。三是减缓共用。对困难学生予以减免书杂费；对暂时无钱上学的学生实行缓交。四是捐助同施。实施贫困生救助工程、免费提供教科书工程和"321"工程，接受社会各界捐赠，保证贫困生入学。五是帮扶齐举。对无钱上学的特困生，予以特殊帮扶，书杂费全免。

三、实施"两基"攻坚的启迪与思考

通过组织实施"两基"攻坚，我们有五点体会：

（1）"两基"工作是一场全民参与的攻坚战，党委政府必须高度重视，加强领导，真抓实干。只有全党动员，全民动手，上下齐心，部门同力，才能顺利攻坚，突出重围

（2）实施"两基"攻坚，必须加大宣传力度，使教育法律法规家喻户晓，"两基"工作人人皆知，从而排除思想障碍，为"两基"工作开展提供一个良好的氛围。

（3）在实施"两基"攻坚过程中，乡"两基"办必须精通业务，精心安排，思路超前，重心突出，周密部署，避免瞎指挥，造成工作失误，让学校无所适从。

（4）教辅站作为贯彻国家教育方针的基层管理机构，在实施"两基"攻坚过程中，其工作重心应着力于指导、监督和协调。只有充分发挥教辅站在"两基"攻坚中的指挥职能，才能使学校"两基"工作有"法"可依，有序推进。

（5）"两基"专干作为乡镇"两基"工作的直接组织者，在贯彻"两基"政策、指导"两基"业务、督导"两基"开展等方面具有不可推卸的责任。我们可否这样认为："两基"专干严守职责，在"两基"工作中与教师通力合作，模范引导，开拓创新，并尽最大能力对各校"两基"工作予以督导，也是乡镇"两基"突出重围不可缺少的条件呢？其实，事实已证明，没有站领导和"两基"专干的高度重视，乡镇"两基"是无法突出重围的。

本文发表于《松桃教育》2004年第3期

加强教师管理，提高教师素质

教师是学校教育质量提高最关键最核心的因素，教师强则质量兴，如何打造一支高素质的教师队伍？现就我校教师管理、培养、培训等工作进行简单介绍，请同志们指正。

一、四年前学校师资状况

我校地处边远，是全县离县城最远的乡级中学。因交通、通信闭塞，教育发展相对滞后，学校师资同很多乡镇中学一样主要呈现以下特点：一是教师数量不够。2005 年，我校应有在编教师 38 人，但缺编教师 16人，差不多少了一半，历史、地理、生物教师稀缺，音乐、美术、体育、计算机教师几乎没有。二是教师素质不高。全校当时 22 名教师，其中师专毕业的 3 人，松桃师范毕业后通过进修或者通过电大函授取得大专文凭的 19 人，有人戏称我们学校为"电大"。教师专业化程度不高，上进心不强，教育教学水平始终在低水平徘徊。三是流动性大。由于条件差，优秀教师要走。学校好不容易培养了一名优秀教师，但人往高处走，留也留不住。就这样，学校的师资状况总是数量不够，素质不高，教育教学质量老是上不去。

邓小平同志指出："一个学校能不能为社会主义建设培养合格的人才，培养德智体全面发展的、有社会主义觉悟的、有文化的劳动者，关键在教师。"教师是学校的立校之本，兴校之基，发展之源。教师的道德品质、专业素养、人格魅力等直接影响学生的健康成长，没有一支业务精湛、人格高尚、敬业奉献的教师队伍，学校发展或教育质量提高只能是一句空话。为此，如何加强教师管理，提高教师素质就成了摆在学校发展面前的一个重要课题。

二、加强教师管理，强化教师培训，切实提高教师素质

温家宝同志曾在《政府工作报告》中就农村义务教育强调，要重点加强农村教师和校长的培训。可见做好农村教师管理和培训工作已成了当前教育迫在眉睫的事情。多年来，为改变我校教师现状，我们在教师管理、培训、交流沟通方面进行了一些探索，现总结如下。

（一）建立规章制度，用"理"引导教师加强师德修养

谈到学校管理，我们首先想到规章制度。面对一个长期懒散的教师队伍，建立健全各项规章制度并认真落实，以引导教师加强师德修养，是十分必要的。为此，根据教育局对教师的相关管理规定，我校出台了《永安中学教师考勤制度》《永安中学教师学习制度》《永安中学教师行为规范》《永安中学教师教学常规》等一系列的规章制度。这些规章制度首先由教师代表组成文字组拟定后再征求教师意见修改，最后全体教师讨论通过。在执行过程中，我们充分扩大值周教师权利，始终相信并依靠教师，以实现教师自我管理。这样，教师亲自制定规章制度，主动参与执行，教师就成了学校管理的主人。规章制度的逐步完善和规范执行，使得我校教师语言日趋文明，行为逐步规范。教师的教育教学活动真正做到了有规必依，有章必循。

当然，学校光有规章制度是不够的。教师的管理重在"理"，不在"管"。这里的"理"首先是理清思路，思路清了，方法就有了。其次，这个"理"是理顺关系。校长在学校管理中虽然是组织者、执行者，但校长绝不是警察，老是打击别人；校长也不是地主，总拿着皮鞭监督别人干活。校长应该是教师的战友、兄弟、朋友，只有志同道合，才能同甘共苦，才能无往不胜。最后，这个"理"是晓之以理，培养教师崇高师德，重在引导，为此，我们要求学校班子成员不论是道德修养、业务素质、遵

章守纪首先要成为教师之师；我们在教师中树立师德榜样，让教师自我对比，争学赶超；我们组织教师学习全国优秀教师典型，让教师向"优秀"看齐。这样，学校正气得到张扬，高尚师德在学校蔚然成风。

（二）加强培养培训，以"学"提高教师的专业素养

学校是学习的地方，教师首先应该是"学习型"的团队。为了提高教师的专业素养，我校在"学"字上下功夫，主要做好以下工作：一是抓好教师的政治和业务学习，每周五除特殊情况外，始终坚持组织教师学习。二是制订教师培养长期规划和年度工作计划，学校老、中、青教师结成师徒对子，进行传、帮、带。三是抓好教师继续教育工作和鼓励教师在职进修，在教师继续教育中不走形式、不走过场，真正让教师学有所获。四是想方设法创造条件培养骨干教师和优秀教师。五是给优秀中青年教师搭台子、压担子，在管理中磨炼他们，在干事中让他们成长。六是坚持考试制度，我校每年用中考卷对教师的专业知识进行测试，考试分数直接通知本人，不对外公布，让教师摸索教改，对接中考，找出差距，促进专业成长。七是积极组织和参加教研教改活动，运用教学开放周、公开课、示范课、研讨课和教师论坛培养教师教学基本功。八是积极参加上级组织的各类培训，回校后由受训教师对其他教师进行再培训。九是营造学习氛围，奖励教师学有所成。对受表彰的骨干教师、名师、优秀教师以及发表论文获奖、参加各类竞赛获奖的教师一律给予物质和精神奖励。十是采取讲座、论坛、沙龙等方式，搞好校本培训。为激发教师潜力、激励教师成长，我主讲了"张开隐形的翅膀"；为倡导教育新理念，我主讲了"今天我们怎样做教师"，获得全县优质课竞赛一等奖的副校长主讲了"如何上好优质课、示范课"，主持国家级课题并获实验成果二等奖的教导主任主讲了"农村初中如何进行教育科研"。通过开展以上校本培训，广大教师开阔了视野，增加了见识，增长了才干，专业素养得以提高。

（三）增进交流沟通，用"情"打造和谐的教师团队

著名管理学家陈怡安教授把人本管理的精髓和最高准则提炼为三句

话，即点亮人性的光辉，回归生命的价值，共创繁荣和幸福。学校管理的过程其实就是依靠人、尊重人、凝聚人、发展人的过程，方法只有一个，那就是用"情"用"心"。为关注、了解、把握我校教师生活的精神需求，千方百计提高教师的满意度。我们经常这样做：教师生病住院不论多远都前去探望；教师有苦想法解决；逢年过节，为教师的父母送去一件礼物，以感恩之心感谢他们支持儿女工作；开学期末，为教师准备一餐盛宴，以感激之情感谢他们辛勤耕耘；组织春游野炊，让教师在轻松之余获得尊重；集体座谈联欢，让教师在相逢中感受家的温情；教师成功了发条短信祝贺并公开表扬；教师受挫了耐心安慰真诚疏导；教师做错了微笑着拍拍肩膀说声"没关系"；与教师冲突了告诉他"你的意见得认真考虑"。我们在对教师的管理中始终做到尊重、理解、宽容、欣赏。理解教师的思想情感，宽容教师的过失，欣赏教师的进步，让每一个教师拥有心理安全感和平衡感，让每一位身处其中的教师彼此都能享受到真诚的温暖与和谐，这样团队便会迸发出无比强大的工作热情，便会为学校的发展增添活力和动力。

（四）敞开校务窗口，用"公"化解教师心中疑惑

校务公开是新形势下学校建立依法治校的管理体制和运行机制的重要举措。学校政务的公正透明，有利于引导、保护和发挥广大教职工参与管理、支持改革的积极性；有利于促进学校廉政建设，密切干群关系；也有利于促进学校管理科学化、决策民主化，有利于促进学校的改革和发展。为此，我们以"教代会"为主要途径，以"公开栏"为主要窗口，以"意见箱"为主要渠道，以"接待室"为主要平台，凡学校有重大决策和改革，我们广泛征求意见，充分民主协商；凡学校经费、人事等敏感事项，我们一律公正办理，公示公开。这样，班子之间、教师之间、教师和领导之间就有了相互信任的基础，学校就构建成了以信任为本的人际关系和精神家园，教师个个心中无疑惑，人人宽心做工作。

三、学校教师素质不断增强，教育教学质量逐年提高

近几年来，我校加强教师培训和管理，取得了一定成绩，有几组数据可以说明问题：四年前我校教师拥有本科文凭只有 2 人，现本科毕业和本科在读 22 人；四年前地县级骨干教师没有，现有地级骨干教师 5 人，县级骨干教师 6 人；四年前教师在《贵州教育》《贵州教育科研》《黔东教育》发表文章各 1 篇，现已在上列刊物上发表文章 19 篇，论文获县级以上奖 32 篇，指导学生获县级以上奖 46 人次，获县以上优质课竞赛奖 4 人次；四年前每年中考考上铜中的学生人数为 0，考上松中不超过 10 人，2009 年中考考上铜中 2 人，考上松中以上 57 人。

横向与其他学校比这个数字比较小，但纵向比，它反映了一个"老、少、边、穷"的乡中学不断的发展与变化，因为我乡总人口只有 14 000 多人，我校现在岗教职工只有 36 人，在校生只有 767 人。我曾经和教师们讲，如果永安中学 4 年来有所发展，那不仅仅是拆了 8 幢木房，新修了 3 幢楼房；也不光是考取了几个重点高中；更重要的是培养了一批能够安居本土，乐于奉献，长于教学的优秀教师！

四、下一步工作思路

目前，我校仍旧存在教师缺编、资金困难、办学条件急需改善等问题，但我想，困难总是暂时的，希望才是永久的。农村义务教育均衡发展已被国家重点关注，我们相信，随着国家对教育投入的加大，在上级的正确领导和关怀下，边远乡镇的教育前景会更加美好。在今后工作中，我校教师培养将以"以人为本、专业成长、共建和谐"为指针，以"依法治校、精细管理、和谐发展"为主要抓手，力求把"关心、理解、培养、培训"放在管理教师工作首位，努力形成一个班子内部统一协作、部门之间主动协调、学校整体团结向上的战斗集体。我们会想方设法调动教职员工爱岗敬业、乐于奉献、创新工作，把教育教学改革工作进一步深化，全面建设和谐校园，努力办好让人民满意的教育。

"组团式"帮扶薄弱学校提高
办学水平之实践与思考

西部落后地区薄弱学校发展面临教学环境不优、教学管理不严、教学风气不良、教学方法不当等诸多问题，薄弱学校如何借东西部扶贫协作教育对口帮扶之机，在较短时间内突破管理瓶颈，培育优良校风，实现提质增效？现结合苏州工业园区两年来教育组团式帮扶我校之实践，谈几点肤浅认识。

一、结对苏州帮扶名校，借鉴校园建设经验，创建优良校区，提升学校办学品位

环境育人，文化育人。教学环境不优严重影响学校办学品位。2018 年在县委、县政府牵头下我们与苏州星海实验中学、苏州星洋学校结对，同年我校组织中层以上干部到两校进行了全方位考察，深刻认识到我校校园建设特别是校园设施、校园文化、校园周边环境与苏州名校差距太大，要把学校办成名校，首先得从构建优良教学环境入手。回来后经我们认真研究，主要采取了以下措施：一是利用均衡教育验收之机争取县政府投入来积极改善办学条件。投资 2 千多万元新建田径场、篮球场，新建 4 间标准计算机室、2 间录播室、1 间梦想教室、1 间未来教室，对教室、功能室、寝室、食堂进行全面装修，对教室班班通全部更换。二是借鉴苏州名校文化重新定位办学目标，重新规划学校文化建设，高标准打造"三香校园"

（书香、墨香、花香），为师生创建一个集绿化、美化、净化、文化、现代化于一体的校园教学环境。三是调适学校外部环境，加强校园周边环境整治，协同相关部门重拳打击在校内寻衅滋事影响师生教学的违法犯罪行为，切断学生与社会闲散人员的联系，斩断伸向学校师生的校外"黑手"，让师生教学不再受外界的干扰和影响，安心工作、学习。四是学习苏州学校，切实减轻师生非教学负担。在教学管理中，减少不必要的会议，减少不重要的检查、减少无实效的培训、减少无意义的活动。积极为师生创建宽松、和谐、愉悦的教学氛围，让教师沉下心来教书，让学生静下心来学习。通过校内外软硬环境的治理，客观上为师生创建了优良教学环境，提高了办学品位。

二、互派干部挂职跟岗，学习先进管理方法，营造优良校风，提高学校管理水平

教学管理水平的高低直接关系到教学质量的高低，只有规范化、精细化的管理，营造优良的校风学风，才有优良的教育质量。为营造优良校风，我们学习苏州的精细化管理，苏州先后派 3 名副校长、1 名政教主任来我校挂职指导我校学校管理，我校已派 1 名副校长 18 名班主任到苏州跟岗学习。在管理学校过程中，我们植入苏州学校经验主要采取了以下措施：一是加强学校党风廉政建设。通过政治业务学习、师德师风主题教育、党风廉政警示教育、严格执行学校教师管理制度等措施，扎实开展师德师风教育活动，传递教书育人正能量，让教师明事理、懂规矩，严守师德规范，把主要精力用在教书上，切实做到教书育人，为人师表。二是加强行为习惯等学生养成教育。为改变学生上网吧、打架、抽烟、逃学、早恋等不良行为，学校制定了《松桃民族寄宿制中学学生管理十条禁令》《松桃民族寄宿制中学安全管理十项规定》《松桃民族寄宿制中学班级管理考核办法》等规章制度，采取扣分、通报、处分等教育方式并严格执行，同时在管理的不同阶段根据学校存在的突出问题实施专项整治。通过持续

不断的措施接力和高效整治，学生违规违纪现象得到了彻底治理，学生将注意力转移到了学习上来。三是加强教育教学常规落实。为让师生行为有标准，我校印发《松桃民族寄宿制中学教学常规管理手册》，对教师备、教、批、辅、考等教学常规进行系统规范；出台《松桃民族寄宿制中学学生一日常规》，对学生日常行为进行系统养成教育。通过对师生教学常规的规范定制和严格监管，师生思想行动都统一到了教学上来，真正实现了校风优良，学风淳厚。

三、引进综合评价体系，构建丰富多样课程，实现榜样激励，营造争先创优氛围

教师工作积极性和学生学习主动性是学校办学质量提高的两个关键因素。如何调动师生的积极性，让教师乐教，学生乐学？学校通过苏州挂职教务主任的帮助和指导，结合学校实际，引进苏州先进的多元考核评价体系，走好三步棋：一是强化教育质量目标体系建设。强化教师教学目标，各班各科各项指标责任到人，实行教师晋级、评优、评职称教学质量"一票否决"。在学校，没有教学质量就没有发言权，没有教学质量就没有"领奖台"，没有教学质量就没有"工作台"。强化学生学习目标，各班主任与学生一起制定每次考试学习目标，严格考试环节，每次考试后学生对照目标分析总结，提出应对和整改措施，未达目标，教师及时找学生谈话谈心并进行一对一单独辅导。双向目标的确立，让师生心往一处想，劲往一处使。二是多方式呈现教学奖励激励。学校通过设立"教学质量综合考评奖""教学质量特别贡献奖""中考教学质量奖""年度评优评模奖"等奖励来调动教师工作积极性。这些奖励措施的出台和兑现，逐步形成了教师不甘落后、想上课、想辅导、上好课的教学氛围，教师的教学不再是在苦海中劳役，而是在快乐和价值体现中感受幸福。同时，通过举行"每期一次优秀学生评选表彰大会"、每年举办"学习明星光荣榜宣传展览"、创建"历届杰出学生榜样墙"、汇编"学生成长蜕变档案袋"，让学生看到

身边的榜样，受到激励鼓舞，增加学生的学习信心和上进心，让学生感受学习的快乐。三是构建师生学习交流平台，构建丰富活动课程。通过创建"晨帆文学社"、开放"三味书屋"、组建读书互助社、成立"梦想艺术团"、成立"儒雅书画院"、举办文化艺术节等丰富多彩的活动社团，开设综合拓展训练课程，为师生搭建学习交流平台，师生在各种社团活动中才能得到培养和发挥，为学生营造一个争先创优的氛围。

四、输入先进教学理念，强化教研教改手段，推进方法创新，实现快速提质增效

薄弱学校教育质量差的主要原因是教师观念落后，教学水平不高，学生自主学习能力不足。为培养学生自主、高效学习，我校借苏州教师支教我校机遇搭建教研平台，高度重视教研教改，始终以教改为突破口，请苏州支教教师全面指导规范我校集体备课，到课堂听课诊断，用示范课和网上平台同课异构培训我校教师，打造高效课堂；请苏州专家全面培训教师教育科研，指导教师进行课题研究和教改实验，推动学校教研走深走实；请苏州专家进行教师专业成长讲座，通过师徒结对帮助青年教师实现专业成长。通过不断地学习苏州先进教学思想、教学理念和教学模式，结合我校学生实际不断创新教学方法，推进学法创新。学校教师对教研教改表现出极大热情，全校教师承担县级以上教改实验 16 项，教师自编教辅教材 22 本，县级以上骨干教师、名师 62 人，研究型教师团队基本形成。通过不断的探索实践，我校"三自课堂"教学模式得以成型推广，师生在教改实验中教得更轻松，学得更快乐，学校办学质量得到了快速提高。

通过两年来苏州园区组团式帮扶，我校优良校风逐步形成，学校教育质量不断提高，办学水平进一步提高。学校连续两年荣获铜仁市教育系统先进集体，连续两年荣获铜仁市城区公办初中教学质量先进单位，连续两年荣获松桃苗族自治县教育目标管理先进单位，连续两年荣获县一类校教育质量一等奖。学校管理及教育教学质量如一面旗帜在松桃苗乡的上空高高飘扬。

浅谈电教媒体的使用

当前，随着国家加大对中西部地区教育的投入，我省教育设施已得到了根本改善，部分农村中小学也迈上了电化教学的历程。但据笔者观察，由于这些学校的一部分老师没有受过系统的现代教育技术培训，在使用电教媒体方面还存在一定的误区。因此，我们很有必要对电教媒体的使用进行探讨。

一、电教媒体的选择

电教媒体是利用现代科学技术手段以储存和传递教育信息的工具。它一般由硬件和软件两个要素构成。目前，可供选择的电教媒体很多，只硬件方面就有幻灯机、投影器、收录机、VCD 机、电影机、电视机、电子计算机等。但任何一种电教媒体都具有特殊的功能，也都有其适应性和局限性。因此，为了达到优化教学效果，选择适当的电教媒体进行教学也就显得尤为重要。那么，如何选择电教媒体呢？笔者认为，电教媒体的选择要以教师、学生、教学手段这三个教学的基本要素为依据，进行综合选择。

（一）教师因素

教师在选择电教媒体时，应首先认识自身使用电教媒体的有利条件和不利因素。选择电教媒体最终是要在课堂教学中应用。因此，教师应设法选择有利于发挥自己的教学专长，有利于弥补自己的教学缺陷，有利于自己熟练操作的电教媒体，如歌唱得不好可借助录音机、简笔画差可选用预先做好的 PPT，对课件设计有专长便选用计算机等。

（二）学生因素

教学的主体是学生，宗旨是培养学生的能力。由于学生有年级高低之分，生理、心理发育之别，对不同的电教媒体往往有不同的反应。因此，在选择电教媒体时，必须充分考虑学生这一要素。若是中学生，则应选用比较抽象的电教媒体，以培养他们的思维能力、想象能力和创新能力。而对小学生则应选用直观、具体的电教媒体，并尽量做到图声并茂，视听结合，以调动他们的学习兴趣和激情，让他们较直观地了解所学的知识。

（三）教学手段因素

教学手段包括教学内容、方法、场地、设备等。其中教学内容和方法是选择电教媒体的主要依据。这是因为，首先，不同的教学内容其学科性质和教学目标不同，它本身的教学规律是使用任何电教媒体都不可违背的，何况世上没有万能的电教媒体。也就是说，并非所有的教学内容都适合用同一电教媒体，更不是所有的电教媒体都适应于同一教学内容。其次，电教媒体的使用，需要与它相适应的科学的教育方法，只有这样才能充分发挥它的教育教学功能，这就要求我们，在选择电教媒体时，对教学方法应有充分的考虑，只有电教媒体与科学的教育方法相结合，才会产生优化的教学效果。

在选择电教媒体时，还要对场地、设备等进行考虑，场地对电教媒体的选择有影响，如在空旷的阶梯教室上公开课，应尽量选用腰挂无线麦克风；在光线较强的教室里，投影显示效果往往不佳，应尽量避免使用。对于教学设备，因各校条件不同，电教设备也并非应有尽有，这就要求我们在选择时，既要十分清楚各电教媒体的性能，根据教学目标，选用最合适的电教媒体或媒体组合，又要考虑媒体的成本与效益的关系，对教学效果相同的电教媒体，我们应选择费用低的，同时还要彻底摸清各电教设备的质量，对如刺耳的音响、易卡碟的 VCD 等，决不能凑合着用，否则，它会影响教学。因此，在对电教媒体进行选择时，我们应择其优而用。

二、电教媒体软件的编制

电教媒体软件是根据教学大纲所规定的教学目标和教学内容，针对一定的教学对象，运用文字、图表、图形、图像、动画和声音等多种形式，记录、存储、再现和传递教育信息的教学媒体。电教媒体只有在硬件与软件恰当结合和配套使用时，才能真正发挥作用。因此，在我们对电教媒体有了正确的选择之后，能否编制科学、高质的软件便成了是否能开展教学技术活动的关键。如何编制软件呢？笔者认为应在设计、制作上多下功夫。

（一）设计要科学

一位教师在上"龟兔赛跑"一课时，他用投影组合片慢慢演示龟兔赛跑，学生被分成两组在旁边看着"动画片"助威加油，课堂气氛好不热闹，但下课后当笔者问学生受到了什么启发时，学生回答："兔子跑输了！"很显然，教师在设计该投影片时，只是挖空心思去想如何吸引学生，而完全忽略了学科性质、教学原则及学生的认知规律，结果教师所激发起来的浅层次兴趣阻碍了学生分析能力的发展，打断了学生处理语言材料的思路，反而抑制了学生的思维和想象。

电教媒体的使用只是手段并非目的。我们借助电教媒体进行辅助教学，主要是想充分运用电教媒体的教学优势来帮助学生感知教材、理解教材、优化教学，而不是想运用一些新奇的东西来吸引学生，即教学手段始终是为教学目标服务的。因此，教师在设计电教软件时，除了在新、奇、巧方面有所突破外，更应侧重于教学目标本身，力求使软件设计的科学性、教育性、艺术性达到高度统一，也只有这样，电教软件使用时才能真正优化课堂教学，提高教育质量。

（二）制作技术要高

电教媒体的软件制作是一道技术含量高的工序，电教软件质量的优劣直接影响教学效果。对现行教材，目前还没有成套的软件可供教师选用，绝大部分要靠教师亲手来做。但在教学实践中，一些教师往往对制作电教软件的重要性认识不够，制作的软件质量低劣，如投影胶片显示模糊、录音磁带嘈杂、计算机程序编制错乱等。这些低劣软件的使用非但不能体现现代教学设备的先进性，不能达到优化教学的目的，反而会造成师生心情不快，影响课堂教学。所以教师在制作电教软件时，一定要注重技术质量要求，起码应做到字、图、画等视觉形象清晰，声、色、形等传递无失真。对达不到技术质量标准的电教软件应坚决停止使用。

三、电教媒体的操作

良好的电教媒体操作技能是教师上好一节电教课的重要保证。在操作电教媒体时，教师应熟练操作方法，注意操作姿势，把握时机。

（一）操作方法要熟练

任何电教媒体的使用都有严格的操作程序，如线路连接、部件启动、软件播放等。因此，教师在使用前首先必须弄清具体的操作方法，进行熟练操作，以避免机械故障发生，造成不应有的损失。其次还要对所选用的电教媒体进行检查和调试，如机具位置、操作环节、时间控制等，这些都要事先考虑好或准备好，以免中断教学或影响使用效果，也可避免使用过程中的随意性。最后，还要善于处理教学过程中的突发事件，力求达到最佳使用效果。

（二）操作姿势要正确

电教媒体放置在具体的教学场所都有它比较固定的位置，教师操作姿势的不当往往会阻碍学生的视听，进而影响课堂教学，如操作投影时身子遮住了光线、麦克风正对着扩音器等。因此，教师在具体操作时，要以不影响电教媒体的展示效果为原则，采用恰当的姿势去操作电教媒体。

（三）操作时间要适宜

在教学中，教师操作电教媒体时间不当表现有三：其一是操作时间过短，笔者曾在一次多媒体辅助教学课上见到过这样的情况，教师用 PPT 提问，让学生结合课文思考，但他念完一遍题目后马上关灯了，学生连题目都没看清，所以根本无法回答。课后笔者问这位老师为何只展示这么一下，他说主要是想证明已使用了电教设备！这样做无益于教学，人为浪费教育资源的现象是纯粹的形式主义。其二是操作时间过长，教师长时间地机械操作，无法关注学生的情感和接受情况，无法与学生面对面地交流，从而导致了教与学、师与生的疏离，出现了"只重机器不重人"的本末倒置的现象。

本文发表于世图音像出版社《中华园丁论文集》

初中思想政治课教学法初探

　　《基础教育课程改革纲要（试行）》指出："改变课程实施过于强调接受学习、死记硬背、机械训练的现状，倡导学生主动参与、乐于探究、勤于动手，培养学生搜集和处理信息的能力、获取新知识的能力、分析和解决问题的能力，以及交流与合作的能力。"如何在思想政治课教学中引导学生对有关的学习内容进行深入探讨，或对有关问题进行多方面的研究，让学生以自主、能动的方式在学习过程中掌握知识，获得能力，习得方法，养成科学态度和科学精神，对此笔者进行了一些有益的探索

一、构建平等、民主、和谐的课堂教学氛围，促进学生主动提问，让学生在质疑中探究

　　课堂教学是学校教育的中心环节和基本形式。思想政治课要引导学生进行研究性学习，课堂教学中必须坚持"教师主导，学生主体"的原则。教师在课堂教学中应尽量为学生营造一个宽松、平等、民主、和谐、快乐的教学氛围，引导学生大胆质疑，主动参与，互动探究，尝试成功。其主要环节有以下几个方面：一是要创设问题情境，鼓励学生大胆提问。二是要师生互动，引导学生主动探究。问题提出后，学生运用所学的知识展开独立思考或小组讨论，然后总结、交流，教师对所获知识进行有针对性的点拨和归纳总结。三是要升华问题实质，促进知识内化。在问题解决之

后，教师应帮助学生反思探究过程，使认识得到升华，进而指导学生行为实践，促进知识内化，做到知行统一。

例如，笔者在教学"善于调节情绪，保持乐观心态"一课时，先播放《小小少年》歌曲，打出漫画：一名学生考试没考好，垂头丧气；有同学叫他去玩，他发火。让学生听后看后提出问题。新颖的教学情境激活了学生思维，学生提出的问题多且颇具创建性。我在肯定大家的基础上，引导学生确立了一个中心问题：怎样调节不良情绪，保持乐观心态？分队探究后，在全班交流展示时，各队思维火花迸发，创新思路源源不断：听音乐、练书法、画画、上网可忘记忧伤；爬山、跑步、打球、游泳可释放压力；在小屋里痛哭、在高山上大叫、在大海边呐喊、在日记里谩骂可放松心情；听身残志坚的故事、读名人传记、想不容易的父母用来激励自己获取力量……红队讲富兰克林家被盗的故事，建议遇到烦恼就换个角度想问题，赢得阵阵掌声；绿队引用雨果的名言"世界上最广阔的是海洋，比海洋更广阔的是天空，比天空更广阔的是人的心灵"劝导大家"心胸宽广，不为区区小事而烦恼"迎来声声喝彩；蓝队更是即兴表演了一段相声，希望同学们多一点幽默和快乐，少一些痛苦和烦恼，把全班惹得哄堂大笑。然后，我引导学生归纳、总结出调控情绪的多种方法，要求同学们学会运用这些方法调节不良情绪，时常保持乐观心态。如此讲授，学生"活"了起来，"动"了起来，真正成了学习的主人，并在合作探究的过程中体验到思考的快乐、创造的快乐、成功的快乐，甚至体验到美。而教师始终扮演的是引导者、促进者、帮助者的角色，课堂氛围始终充满了平等、民主、和谐和快乐。

二、构建开放性教学课堂，促进学生勤于实践，让学生在社会实践活动中探究

《全日制义务教育思想品德课程标准（实验稿）》指出："在教学中，要面向丰富多彩的社会生活，开发和利用学生已有的生活经验，选取学生

关注的话题，围绕学生在生活实际中存在的话题，帮助学生理解和掌握社会生活的要求和规范，提高社会适应能力。"陶行知先生说："教育只有通过生活才能产生作用并真正成为教育。"脱离生活的道德教育不仅是空洞的，也是毫无意义、没有效果的。为此，笔者经常以贴近学生生活实际的社会热点难点问题为素材，组织学生探究，其操作程序主要有三个阶段：第一阶段是从热点提问题。教师根据教学进度联系现实生活中的师生普遍关注的热点为探究活动提供背景材料，提出需要探究的问题。美国教育家布朗认为："学习的环境应该放在真实问题的背景中，使它对学生有意义。"真实的生活事实，能激活学生已有的生活经验，让他们从中发现深刻的问题。第二阶段是以实践探问题。在确定需要探究的问题之后，在教师的指导和有效监控下，学生通过实践体验探索解决问题。这个过程强调学生全程参与，注重资料的记录和整理，将过程和结果进行有机结合。第三阶段是以总结明问题。学生将自己或小组获取的成果进行整理，以报告、讨论会、编辑专辑等多种形式进行交流讨论，深化问题认识，形成道德情感，最终转化为道德行动。

例如，笔者在上完"公民有受教育的权利和义务"一课后，出示了一份材料："2006 年，我省全部实现'两基'验收，然而，在'两基'验收后，边远山区农村初中辍学人数有所反弹，尽管各级人民政府加大'两基'巩固提高工作力度，加强教育执法，对贫困生采取了多种救助措施，仍有部分学生走出校园，仅去年一年，我校就辍学 16 人。"我要求学生就此现象分组以"农村初中学生辍学现象成因及对策"为题进行调查探究。因选材贴近现实生活，学生兴趣大增，通过走访辍学学生及家长，采访学校领导，查找资料，他们把辍学原因分为因贫辍学、厌学辍学、父母不送辍学和受打工潮影响辍学等，提出了执法控辍、情感控辍、质量控辍、帮扶控辍等保学控辍措施。一组呼吁：关注留守学生，打工的父母不要因为挣钱误了孩子美好的未来；三组呐喊：教师尤其是班主任要多关心差生，学校应取消重点班，让学生不再厌学；四组认为：我们不仅有受教育的权利，也有接受教育的义务，辍学就是未履行义务，是法律不允许的。教育即生活，如此深层次思考和探究，笔者也是始料未及，通过一次调查挽留一些学生，这样的结果我们不敢奢望，但能让学生在探究中学知识、受教益，这不正是教育的最高期望吗？

三、创设体验学习情境，激发学生参与激情，让学生在情感体验中探究

《全日制义务教育思想品德课程标准（实验稿)》指出："在教学中，不断创造条件，促进学生的道德践行，丰富学生的情感体验，感悟和理解社会的思想道德价值要求，逐步形成正确的道德观和行为习惯。"道德教育不是通过一般的说教完成的，缺乏情感体验和道德实践，道德教育肯定是失败的。创设体验学习情境，让学生体验现实生活中的某个角色，使其身临其境，获得真实感受，从而激发他们学习的兴趣和激情，客观上有助于将枯燥的知识趣味化，抽象的理论具体化，使学生通过自主探究，达到知识内化。体验学习可按以下三步来完成：一是在教师指导下创设体验学习情境。情境的创设要求教师既要了解学生的心理发展特点及道德经验水平，又要针对授课内容有的放矢地选取，不能超出学生的认识和经验。二是引导学生融入情境，让他们在情境中体验、探究，使他们获得丰富的认知，从而唤起他们学习和情感的需要，使"理"通过"情"进入学生的心灵。三是在情境中超越，形成探究精神，获取创造性情感体验。当学生融入情境中学到知识后，就能应用并创设新情境，创造性地解决问题，以形成探究精神。

例如，笔者在教学"发展真挚的友谊"一课时，为了让学生知道真挚的友谊来自热情、真诚、宽容和有原则，笔者创设了两个体验情境，首先让学生体验"一把小花伞的故事"：放学后，天下大雨，李辉看见同学们一个个都回家了，好朋友张强也向他挥手告别，他心里觉得落寞和孤寂。正当他孤独无助的时候，一把小花伞飞过来，是张强，那一刻他的眼睛湿

润了，因为他觉得，张强送过来的不仅仅是一把伞，还是一颗真诚、热情的维系友谊的心，张强用他的真诚和热情换取了同学真挚的友谊。然后，笔者又让学生体验"拒绝与原谅"（故事情境略）。学生的现身说法与榜样熏陶，增强了学生的情感体验，学生在体验中感悟、探究正确的交友之道，悟出"真挚友谊＝真诚＋热情＋宽容＋原则"，这样，既深化了学生的认知，又能激发学生的探究欲望和探究精神，更好地达到了思想政治课"懂、信、用"的目标。

总之，教育的宗旨是要让学生学会生存，学会共事，学会学习。是要让每一个生命个体实现"自我对话"与"人的大写"。我们的教学完全可以走出校园，走出书本，走进丰富多彩的社会生活，在民主、平等、和谐的环境中，让学生积极参与、亲身体验、自主学习、主动探究，进而实现自我成长，自我超越。

此文发表于《贵州教育科研》2007 年第 4 期

例谈初中写作教学中学生创新思维的培养

面对 21 世纪科学技术迅猛发展和经济全球化的挑战，要求现代社会公民必须具备良好的创新精神。学生创新精神的培养需要科学的创新思维训练，如何在写作教学中培养学生的创新思维，本文结合教学实例谈点体会。

一、冲破定势思维，培养发散思维

所谓发散思维，是指以某一事物为触发点，多角度、多层次、多方向创造性思考的一种思维方式。在写作教学实践中，常有学生作文雷同，这多与学生作文思维定式有关。因此，我们在指导学生写作时，要引导学生冲破思维定式，把作文训练与培养学生的发散思维有机结合起来。其训练方式有如下几种：其一是"一题多材"训练，即指导学生写同一个题目准备多种选材。例如，写《我的妈妈》时，很多学生都会写妈妈怎样关心自己的事，结果往往千人一面；写《记一件好事》时，学生往往写"抱孩子、让位子、捡包子、推车子"，毫无新意。教师在作文指导时，一定要打破学生的思维定式，注意引导学生围绕同一题目从多种角度，多个层面选择材料。如写《我的妈妈》，教师可以启发学生从妈妈的性格、爱好、品德、才华以及在家庭和社会中的地位和作用来写；也可以写给我们养育、给我们恩赐、给我们教导的"社会上的妈妈"。如写《记一件好事》，可以用对比的手法，选择两种以上的不同材料来表现中心；也可通过写一个人、一群人来反映这个中心；也可以通过写一个残疾人的善举来表达这个中心。其二是

"一题多意"训练，即指导学生写同一个题目进行多种立意。为了克服学生作文思维单一，不善变通的弊病，教师在指导学生写同一题目的作文时，要指导学生挖掘同一材料的多义性。例如，在指导学生写《记一次爬山》时，可启发学生从这几个角度去立意：描述爬山看到的美景，赞美家乡美好河山；受《在山的那边》启发，把中心定为"做任何事情，要想获得成功，必须脚踏实地去努力"；通过写登高远眺，得到"只有站得高，才能看得远"的启发。其三是"一题多体"的训练，即指导学生写同一个题目可以用多种体裁。学生因个体不同，思维各异，有的善于逻辑思维，有的擅长形象思维，还有的直觉思维见长，因此，教师要根据学生不同的思维特点和写作兴趣引导学生进行同一个题目多种体裁的训练。例如，写《我的家乡》，可抒情以记叙为主，可介绍以说明为主，可评说以议论为主。不论哪种体裁，只要是表达学生真情实感，能够文从字顺都是好作文。

有人说："第一个把姑娘比作花的是天才，第二个这样写的是庸才，第三个还这样写的就成了蠢材。"教师在指导写作时，只要不断地推陈出新，不断在写作中训练学生的发散思维，学生的创新思维就能不断得到培养和提高。

二、换个角度思考，培养逆向思维

在思维领域，人们的思维往往受权威、经验、潮流、书本等因素控制，思考问题往往趋向于常规和平庸，无法创新。因此，教师在作文教学中要注意培养学生逆向思维，要善于引导学生挑战权威、逆反潮流、超越经验、质疑书本，换个角度，运用批判的眼光审视，让学生获得与众不同的新思维。例如笔者在指导学生写《读"滥竽充数"有感》时，为了突破"滥竽不应充数"的常理思维，我启发学生站在"南郭先生"的角度，运用批判社会的眼光去思考，学生有了以下新思维：南郭先生很有自知之明，他比那种占着位置不做事的人要强；造成南郭先生得以充数多年的根本原因是"大锅饭"制度，说明要发展必须改革；南郭先生在乐队里充数多年竟没人举报，这与乐师们普遍存在明哲保身的思想有关；南郭先生也许是走后门进入乐队的，说明当时社会用人制度腐败。又如，在指导学生写《我们的班级》时，学生第一次交来的作文多写班级中的好人好事好风气，让人看后总觉得缺少味道，于是，我又引导同学们进行反向思考，写写班上的"不好"，结果有写同学间闹矛盾，呼吁同学之间应宽容、团结友爱的；有写班纪较差建议加强管理的；有写老师教法落后请求改进的……很多佳作立意新奇，读后回味无穷。由此可见，只要我们在写作指导时注重对学生进行逆向思维训练，学生就会不断迸发出创新思维的火花。

三、充分展开想象，培养独特思维

想象是引发创新的翅膀，想象是经验和创造力的源泉。想象是在观察的基础上表情达意的一种重要的思维方法。它的表现形式有推想、联想和幻想。研究表明，想象能引发创造灵感，有助于学生提高记忆水平，促进学生非智力因素发展。因此，教师在指导学生作文时，应削去一切条条框框，运用图像、数字、漫画、名言、文字等材料，鼓励学生展开想象的翅膀，让学生在大胆想象中获取独特的思维。例如，笔者曾以图形"圆"为材料，在黑板上画一个圆，让学生自拟题目，写想象作文。结果学生写出了如下习作：《故乡的思念》——看见圆圆的月儿，我更思念遥远的故乡；《石拱桥》——承载人生的梦想，一半在水里、一半在空中；《生命感想》——本是一个轮回，有起点没有终点；《地球》——人类要圆梦，必须保护她；《古钱》——钻进去就变成沉重的枷锁……又如笔者以文字"票"为材料，让学生写想象作文。结果有的写肉票、粮票、油票反映一段时间人们物质的贫乏；有的写电影票、旅游门票反映人们生活水平的提高；有的写车票、船票紧张，反映打工潮；有的写股票反映经济发展……学生想象力之丰富，笔者感慨万千。我们可否这样认为，学生的想象力本身就是一种丰富的智力资源，只是我们没有去开发或开发不当罢了。由此，我们相信，只要我们为学生插上想象的翅膀，创新的思维将在蔚蓝的天空飞翔。

此文发表于《中国教研交流》2007年第11期

培养学生自主学习语文的实践与探索

所谓自主学习，是指学习主体有明确的学习目标，对学习内容和学习过程具有自觉的意识和反应的学习方式。《基础教育课程改革纲要（试行)》指出："改变课程实施过于强调接受学习、死记硬背、机械训练的现状，倡导学生主动参与、乐于探究、勤于动手……"积极倡导自主、合作、探究的学习方式，把学生自主学习摆在学习方式变革的首要位置。由此可见，培养学生自主、独立学习的习惯和能力已成为新一轮基础教育课程改革之重要目标。如何在教学中调动学生学习的兴趣，激发学生的求知欲和上进心，让学生自主学习，我在实践中作了如下探索。

一、创设愉快的教学情境，培养学生自主学习的兴趣

著名教育家皮亚杰说过："所有智力方面的工作，都要依赖于兴趣。"兴趣是最好的老师，是推动学生学习最实际、最直接的动力。课堂教学是教师与学生的双向活动，学生作为主体，能否产生学习兴趣，能否主动投入学习，是教学成败的关键。因此，教师在教学中应善于创设愉快的教学情境，激发学生的学习兴趣，调动学生自主学习的激情。

例如，我在讲授"海底世界"一课时，文中描写到海参、乌贼、章鱼、海藻等海底动植物，山村小学的孩子们对这些事物一知半解，注意力不太集中。于是，我用电教资源，以播放动漫的方式进行直观教学。当学

生看到形状各异、色彩缤纷的各种海底动植物时，兴趣大增，你一言我一语，海底动植物的介绍在快乐的学习气氛中结束。在学习"可爱的草塘"一课时，文中描写了草塘的美丽景色，为了让学生感受草原之美和文字之美，我用展示图片和播放课文录音的方式进行教学，学生被美丽的草塘和美妙的文字打动了，很快便进入了文中所描述的情境：大而美的绿草塘，在微风吹拂下，碧浪不断翻滚、涌动，跟蓝天相接……学生边看边听边想，得到了美的享受，很快便进入学习状态。

因此，在教学中，教师可创设各类愉快的教学情境，如播放图片、影视资料、音乐，或讲故事，激发学生学习兴趣，促进学生自主学习。

二、构建宽松的学习氛围，唤起学生自主学习的激情

学生是否真正自主学习，不仅仅表现在教学活动的形式和学生回答问题的次数及人数的多少上，重要的是看学生是否开动脑筋，积极思考，主动参与。构建宽松的学习氛围能为学生提供一个宽松和谐的环境，在民主的教学气氛中，学生心情舒畅，思维活跃，敢想、敢说、敢问，学生主体能动性增强，自主学习的意识就能提高。因此，教师在课堂教学中，要放下"师道尊严"的架子，与学生平等对话和交流，实行教学民主。学生回答问题时，要允许学生答错，错了允许学生重答，答不完整允许补充，不明白的允许提问，没想好的允许再想，有不同意见的允许争论，老师错了允许提意见。留有空间让学生各自发表不同意见，让学生主动投入，自主学习。

例如，我教学"自己去吧"一课时，在讲授完课文之后，我问："你们喜欢这只小鸭子吗？为什么？"学生们展开了自由讨论，有的说："我喜欢这只小鸭子，因为它最后学会了游泳。"有的说："这只小鸭子胆子太小，不勇敢，我不喜欢。"有的说："小鸭子依赖性太强，自己不努力学习游泳，如果哪天鸭妈妈生病了，它会饿死的……"在这个教学过程中，学生联系自身实际，主动思考，发表各自意见，学生思维能力和口语表达能力得到了发展，更重要的是将学生推向了学习的主体位置，学生在自主学

习中学到了知识，找到了快乐。

三、营造快乐的探索空间，挖掘学生自主学习的潜能

在传统教学中，教师始终担心，学生不去学，学不懂。因此，整个教学过程，教师始终包办代替，把学生当成了装知识的容器，学生自主意识受到了束缚，学习的积极性、主动性得不到发挥，自主学习的潜能得不到挖掘。有道是：要知道梨子的滋味，必须亲口尝一尝。要让学生学会学习，教师在教学中就要营造快乐的探索空间，挖掘学生自主学习的潜能，要为学生营造自主阅读、自主思考、自由讨论的时间和空间，激发学生探索的内在动机。

例如，在教学"火烧云"这篇课文时，我结合课文讲了这样一段话："我们仰望天空，有时会看到飘浮的白云，雨后的彩虹，早晨的朝霞等各种美丽的自然景象。火烧云更是好看，在夕阳中彩云呈现各种不同的形状，霞光映照着天空，映照着大地，映照在人们的脸上、身上和各种物体上，美丽极了。对火烧云这样美丽的景象，作者是怎样观察的？怎样想的？又是怎样写的?"广阔的思维空间引起了学生浓厚的探究兴趣，学生带着一种激动的心情去读书，去思考，去探究，获得了真知，领悟到了语言的魅力，学会了自学。

总之，教师在教学中要想方设法创设情境，激发学生学习兴趣，要在宽松民主的教学氛围中，营造学生自主学习的空间，让学生在自主、合作、探究中学习，使学生掌握学习方法，成为有学习能力的人，成为学习的主人。

初中口语交际课教学策略探析

"口语交际"旨在培养学生具有日常口语交际的基本能力，在各种交际活动中，学会倾听、表达与交流，初步学会文明地进行人际沟通和社会交往，发展合作精神。口语交际这一教学目标的定位，为我们进行口语交际教学指明了方向。如何在口语交际课中培养学生的语言表达能力和人际交往能力，让口语交际课更精彩？本文结合教学实践谈点肤浅体会。

一、设计口语交际课堂"兴奋点"，激发学生口语交际的兴趣，让学生想说话

口语交际是在特定的话题情境中产生的语言活动。这种语言交际活动如果枯燥无味，激发不起学生口语交际的欲望，学生便无话可说。因此，我们在进行口语交际教学时，可充分利用小故事、音乐、笑话、电教等手段，为口语交际课堂添加"兴奋剂"，创设生动逼真的乐学情境，调动学生内在的真实的情感需要，激发学生主动投入口语交际的兴趣，让学生想说话。

我在教学"这就是我"一课时，先用提问的方法引导学生认识我，再用歌曲《我是一只小小鸟》的唱歌方式向学生介绍我名字的来历以及"鹏"字的构成和所要表达的特殊意义。这样，很快拉近了我与学生的距

离，我的自我介绍给学生做了个示范，给学生留下了深刻印象，学生有了兴趣，教学有了情境，学生开始争先恐后地进行自我介绍。

"这就是我"是人教版七年级语文上册第一单元口语交际课题，其目的是想让刚进入初中的新生，通过自我介绍，正确认识自我，展示风采，树立信心，增进同学之间的了解，引导学生学会怎样与初识的人交往，在新的集体里快乐学习，与同学和谐相处。在教学时，我的亲切、平和、幽默、风趣的自我介绍，让学生放松了心情，增强了兴趣，激发起了学生说话的欲望，学生很快便找到了说话的乐趣。

二、设置口语交际课堂"空白处"，锻炼学生口语交际的胆量，让学生敢说话

口语交际是听方和说方双方互动的过程，其核心是"交际"两字。注重的是人与人之间的交流与沟通，只有交际的双方处于互动的状态，学生才能真正成为交际的主人。然而，因受传统教学方式"一言堂"的影响，学生在课堂教学中很少有发言的机会，学生因怕说错往往不敢说话。因此，我们在教学时，就要经常在口语交际课堂中设置"空白处"，给学生自由发表言论的空间，说对说错没关系，目的是培养学生敢说话。

口语交际"我爱我家"一课中有"妈妈的唠叨"这样的情节：王子轩收到小学同学孙萌的一封信，孙萌诉说自己对母亲的不满，他觉得妈妈对自己管得太多，他甚至想离家出走，远离唠叨的妈妈。王子轩看信后，马上打电话劝阻。学生分别扮演王子轩和孙萌，进行一次模拟电话交流。

学习这部分内容时，为了锻炼学生说话的胆量，让学生都敢拿起话筒讲话。我对王子轩如何进行劝阻，没有提任何要求，留下了一大片空白，让学生用自己的方式，想说什么就说什么，说错了也没关系。结果有良言相劝的，有苦口婆心的，有说情说理的。其中有两种方式却使我始料未及：一是扮演者刘佳同学，一开始就破口大骂。我问，你这不是火上浇油吗？他说，他太了解他的朋友孙萌了，讲好话他听不进，要大骂他才能清

醒。另一个是扮演者陈岩同学，他不但不劝阻，反而帮孙萌出谋划策，叫孙萌跑到他这里藏起来。我询问这又是为何，他说，到了这个地步，电话里讲恐怕没用，先顺着他，等他过来后，再想办法劝阻他。学生的语言交际能力远远超出我们的想象，给了我深刻的启示。我暗自庆幸，我在口语交际课堂中留下的这份空白，却让学生们用真情和智慧填写成了精彩。只要学生敢说话，口语交际课就离成功不远。

三、创建口语交际课堂"辩论台"，培养学生口语交际的能力，让学生学说话

辩论不仅是学生在语文学习过程中充分调动学生的学习积极性、主动性和创造性，使学生在自由讨论、激烈争议中求得共识，获得新知的重要手段，也是提高学生分析问题和解决问题的能力、独力思考和创造性思维能力的有效途径。尤其是这种平等、民主、和谐的教学方式，创设了师生之间、学生之间平等交流的氛围，有利于培养学生语言表达和人际交往的能力。因此，我们在教学中要想方设法为口语交际课搭建一个"辩论平台"，让学生据理力争，力求让对方支持自己的观点，培养学生说话的技巧。

例如，我在上"科海泛舟"一课中"科学技术两面观"这部分内容时，我就以"科学发展造福于人类"和"科学发展祸害于人类"为正反论题，组织学生分组辩论。正反双方由于准备充分，开展辩论时，有理有据，高潮迭起。我又以主持人的身份，对辩论礼仪、辩论技巧进行适时点拨和归纳，最后总结：科学技术就像一把双刃剑，它给我们带来福音的同时，也制造了一些麻烦，我们必须全面认识科学技术的发展，避祸求福，让科学造福于人类。通过辩论，培养了学生的语言表达技巧和人际交往能力，让学生受到了锻炼，获得了真知。

四、拓宽口语交际教学"实践区"，提高学生口语交际的素质，让学生会说话

学生口语交际的能力只有在口语交际的实践活动中才能形成。因此，我们在教学中，必须拓宽学生实践途径，充分利用教材中的实践活动，如当小导游、小记者采访、模拟法庭、读书交流会、小辩论会等，有目的、有计划地对学生进行口语交际训练，以提高学生口语交际素质。

例如，上完"感受自然"一课后，我们可以组织一次"自然趣话"；上完"探索月球奥秘"一课后，我们可以组织一次"月亮独白"；上"保卫母亲河"时，我们可以办一次"母亲呐喊"；上"背起行囊走四方"时，我们可以搞一次"乡村采风"。

总之，只有在口语交际课堂教学中不断激发学生兴趣，锻炼学生胆量，让学生主动参与、经常实践，学生的口语交际能力才能不断提高。

此文发表于《教育与教师》2007 年第 11 期

浅谈初中生写作能力的培养

义务教育阶段的语文课程，必须面向全体学生，使学生获得基本的素养。写作能力是语文素养的综合体现，因此，全面提高学生的写作能力就成了语文教学的一项十分重要的任务。然而，在教学中，不少学生面对写作，或望"作"生畏，或无言可写，或写之无物，或写而无新。如何提高学生的写作能力，笔者谈几点肤浅看法。

一、培养兴趣，体验成功，让学生乐于写作

兴趣是最好的老师。兴趣是写作最重要的驱动力。激发学生写作的兴趣，调动学生乐于表达的积极性和自信心，是提高学生写作能力的前提条件。学生对写作一旦有了兴趣，就会乐于去写；只要写了，就有收获，写作能力就会提高。学生看到自己的写作有了提高就会产生新的表达欲望，从而形成"兴趣—写作—兴趣—写作"这样的良性循环。如何激发学生的写作兴趣，让学生乐于表达呢？

（一）学生想写什么就写什么

写作目标要力求表达自己对自然、社会、人生的独特感受和真切体会。之所以说是"自己、独特"，就是强调要写学生自己的生活见闻和生活感受，写学生自己感兴趣的事，而不是"为考试代言""为教材代言"或"为教师代言"。那种不管学生是否愿意，不管学生是否有感受，都得

写的作文教学，学生没了兴趣，只能胡编乱造，结果是写不出真情实感，写不出新意，写不出灵气来的，更谈不上提高写作能力。因此，写作教学，首先要放开手脚让学生写自己想写的。

（二）学生想怎么写就怎么写

要激发学生的写作兴趣，除了让学生写自己想写的内容外，还必须拓展学生自由表达的方式。"根据表达的中心，选择恰当的表达方式。"这种提法，不仅科学，而且切中时弊。我们的写作要求，过分强调形式，规定学生应该怎样写，不应该怎样写，怎样写才好，怎样写不好……这无异于给学生戴上枷锁，学生擅长写的不能写，不爱写的又非写不可，学生怎么能对写作产生兴趣呢？因此，在写作教学时，教师一定要鼓励学生选择自己最擅长的恰当的方式写，想怎么写就怎么写，以激发学生的写作兴趣。

（三）让学生体验写作的成功和快乐

成功激发奋斗，快乐产生激情。学生只有在写作中尝到了成功的滋味，体验到了快乐，才能产生新的动力，兴趣才能伴随写作经久不减。让学生体验写作的成功和快乐，有诸多途径：教师的批语多加赞赏和激励；学生习作的展示、讲读、发表和汇编；同学间相互评改和交流。学生的习作得到了肯定，从中体验到了成功和快乐，就会去主动钻研，乐此不疲，甚至可能步入灵感顿生、下笔如有神的佳境。

二、深入生活，广泛阅读，让学生积累写作素材

一篇优秀作文往往是现实生活的反映，没有生活的体验和感悟，写作就成了无源之水、无米之炊。再者，文章不是无情物，文章是用来表情达意的。丰富的情感，深刻的感受，来源于生活中深刻的情感体验。学生只有多参加丰富多彩、生动有趣的活动，才能拓宽视野，丰富素材，写出好文章。因此，教师在写作教学中要引导学生贴近生活，深入生活，捕捉生活中的写作素材，建成写作资源库，写作时才会顺手拈来。

阅读是写作的基础，生活是写作的源泉。学生写作需要语言积累，而

语言积累最重要的方式就是阅读。阅读不仅可以为学生提供成千上万成功的写作模式，更重要的是通过阅读，学生积累了丰富的语言材料，拓宽了写作思路，提高了认识事物和表达情感的能力。因此，教师要引导学生广泛阅读。如何引导学生进行阅读呢？笔者以为，其一是要充分发挥学校图书馆（室）、阅览室、板报、图书角、手抄报、剪报等阵地作用，为学生提供丰富的阅读资源；其二是要求学生对所阅读到的精彩片段、妙词佳句、成语格言、典故哲理、数字资料及时摘抄、整理、批注和记忆；其三是要求学生阅读名著、经典和杂志，让学生吸收先进文化，孕育新思路，产生新理念，写出新文章。学生有了深刻的生活体验，丰富的语言功底，写作时便能如行云流水。

三、加强训练，注重实践，让学生在写作中学会写作

写作是一门实践性很强的科学，离开具体的写作实践谈提高学生的写作能力是一句空话。如何让学生在写作实践中提高写作的能力呢？笔者认为，可以从以下几方面入手。

（一）抓小练笔训练，减缓作文训练坡度

所谓小练笔就是围绕某一重点或中心，进行范围小、篇幅短的写作练习。可以是摘录优美的句段，可以是记述印象最深的人事，可以是描绘最美的景物，可以是表达真实的心得。这种作文实践方式既可消除学生害怕作文的心理，帮助学生积累丰富的写作素材，分解作文难度，又能使长期沉积在学生头脑中的感知记忆得以复苏，或喜或怒，尽情表达，从中获得成功的喜悦。

（二）拓宽实践渠道，适当增加作文训练量

教师给学生的思维空间和创作时间是很有限的，要提高学生的写作能力，仅靠一学期 7~8 篇大作文是远远不够的。因此，教师必须创造条件，拓宽训练时空，为学生的作文实践提供智力背景。其一是要让学生从课内走向课外，对日常生活中的现象、景物、人事多观察、感悟，不要为文而

文，要写出自我的个性。其二是教师要开展诸如绘画、实验、制作、表演、采访、评论会、读书会等多种形式的活动，为学生提供实践机会，让学生在实践活动中提高语言表达能力和创新能力。

四、发展个性，强化创新，力求让学生有创意地表达

写作是学生的个性化行为。学生写作的过程，既是个性化发展的过程，也是提高自己创新表达的过程。传统写作教学重视共性和求同，忽视个性培养，追求立意标准、格式标准、写法标准，学生思维受到严重束缚，想象力被封杀，个性受到压抑，作文"千人一面"。怎么能"有创意地表达"呢？因此，在写作教学中，教师要积极培养学生的求异创新思维，发展学生的个性。

（一）强化创新思维训练，培养学生创新能力

发展学生的创新思维，是作文教学中培养学生创新能力的关键。培养学生创新思维的方法很多，其中主要的有：一是冲破思维定式，培养学生的发散思维。如在作文中训练"一题多材""一题多意""一题多体"等，让学生展开思路，发挥想象，表达就会与众不同。二是启发相关联想，促使学生进行思维变通。如以"圆"为材料，让学生展开想象。三是训练学生的逆向思维，让学生另辟蹊径。

（二）发展学生个性，让学生大胆表达

发展学生个性，一是要营造民主、平等、和谐的氛围，让学生能自由表达。二是评优激励，对个性化、有创意的文章多加赞赏。三是多交流，让学生在交流中碰撞出新的火花。总之，学生有了个性，就能独立钻研，敢于批判，善于标新立异，就能写出有创意的文章。

此文发表于《教育与教师》2008 年第 1 期

小学语文教学中培养学生创新意识初探

21 世纪是知识经济时代，而知识经济时代的核心是创新。"一个没有创新能力的民族难以屹立世界民族之林。"因此，学生创新能力的培养，对于提高学生素质乃至提高全民族素质具有十分重要的意义。作为现代语文教师，应站在面向世界、面向未来的高度，鼓励学生去创新，努力培养学生的创新意识。

一、创设宽松、民主、和谐的课堂教学气氛，营造创新环境

在语文课堂教学中，教师要千方百计地给学生创设一个宽松、民主、和谐的氛围，让他们在这样的氛围中充分发展，只有张扬个性，创新的火花才能燃烧起来。为此，我们教师首先要扮演好自己的角色。新课标指出："教师是学生学习的伙伴。"也就是要让学生感到教师是自己的亲密朋友，老师与学生，学生与学生之间能够互相交流。在课堂上，我经常使用这样的语句，如"谁愿意把你的想法说一说?""你来试试好吗?""谁还有不同的想法，请你来说说看!"，等等。鼓励学生开动脑筋，敢于标新立异，勇于创新。其次，老师要充分尊重学生。老师不但要尊重学生的人格，而且要尊重学生的独特感受。允许学生给老师指出错误，允许学生发言不准确，允许学生在某些方面做得比老师好，不能讽刺挖苦学生。这种宽松、民主、和谐的教学氛围，有利于激发学生的创新意识。

二、鼓励学生质疑、求异、想象，培养学生创新意识

曾有人这样解释学问：有学有问才构成学问。质疑是探求新知的开始和动力，不断发现问题，提出问题，是一个人思维活跃的表现，也是创新的动力。因此，作为小学语文教师在教学过程中要十分重视培养学生的质疑能力，鼓励他们敢想敢疑，发挥其创新潜能。例如，在教学"十里长街送总理"一文时，我引导学生对文中"老奶奶柱着拐杖焦急而又耐心地等待"这句话进行质疑，"焦急而又耐心是不是有点矛盾"，学生在质疑中探讨，最后得出真知。这样学生在问中学，在学中问的过程中便学会了质疑，创新能力的培养也就落到了实处。

在现实生活中，人们习惯按常规思考问题、解决问题，尤其是受传统教育方式的影响，学生往往循规蹈矩，缺乏灵性。因此，教师在教学中一定要打破思维定式。例如，在教学"司马光砸缸"一课时，要着重引导学生：常规救人的方式是把人从水中捞起来，但在情况十分紧急的情况下，司马光想到了一个与众不同的办法，砸缸救人，这就是很好的求异创新。通过这样的教学，让学生找找现实生活中的例子，举一反三，大胆求异，学生的创造思维能力就得到了培养。

人类的一切创造活动，都伴随着想象，想象犹如一条连接已知和未知的链条，是孕育学生创新能力的温床。因此，在小学语文教学中教师应充分发挥想象力，来培养学生的创新能力。例如，我在教学"坐井观天"一课后，提出这样的问题：如果青蛙跳出了井口，它会怎样说呢？一石激起千层浪，学生踊跃回答，答案各异。由此可见，利用所学课文，让学生对有关内容进行合理的补充、想象和扩展，既培养了学生的创新能力，也让学生的想象力和表达能力得到了锻炼和提高。

三、重视"学法"指导，培养学生的创新素质和能力

重视学法的研究与创新，是时代的要求，是落实素质教育，培养学生

创新能力的必然。这里所说的学法创新是指继承好的学法，摒弃那些不当的学法，并在此基础上探索出新的学法。

首先，要让学生主动地学习。这是培养学生创新意识与能力的内在动因。作为教师要在课堂上创设学习情境，营造学习氛围，把主动权交给学生，钻研好教材，把教材变成有坡度练习的材料，使学生通过自身努力学习，掌握知识，形成技能。其次，要让学生学会探究。例如对具体的语言环境，通过换词、扩词、联系上下文等方法，体会用词的妙处以及某个词在文章中的作用。最后，要利用小组学习的优势，抓住文章的重点、难点，放手让学生进行小组讨论学习。教学"跳水"一文，教师可让学生讨论：在当时情况下，除了船长用开枪的方法命令孩子跳水之外，是否还有其他的方法救孩子，让学生在讨论、分析、比较中锻炼创新能力。

总之，小学语文教学中蕴藏着培养学生创新能力的无限玄机，作为小学语文教师，要创设美好和谐，自由宽松的课堂环境，为培养学生的创新能力尽好园丁之责。

亮出你自己

——人教版七年级语文上册口语交际"这就是我"课堂实录

师：上课。

班长：起立。

师：同学们，今天，各位领导和老师莅临我们一（2）班，我们该用什么样的方式来表达我们的心情呢？

班长：我提议，让我们用掌声对他们的到来表示热烈的欢迎！（全班同学鼓掌）

师：很好，请坐下。同学们，我都给你们上了近两星期的课了，你们知道我是谁吗？

生：您是杨老师。

师：这没错。

生：您是大名鼎鼎的杨校长！（笑声）

师：谢谢你抬举我，（用手指头）我问的不是头上这顶乌纱帽。（大笑）

生：你是杨鹏。

师：呵！你是第一个敢对我直呼其名的学生，哪儿来的胆量？

生：我讲的是真话、实话，这是您平时要求的。（笑声、掌声）

师：呵！你真会说话，那你想知道我为什么叫这个名字吗？

生：如果不涉及您的隐私，我们很愿意洗耳恭听。（笑声）

师：杨鹏（板书），"鹏"是朋友的"朋"和一个"鸟"字，这个名字是我上初中时自己取的，其意思有二：一是那时候我们的学习和生活都很苦，我总希望能够以鸟为伴，自由自在地飞翔。但事实上，我却像有首歌唱的（师唱）："我是一只小小小鸟，想要飞却怎么也飞不高……"二是取"杨"和"鹏"这两个字的偏旁部首，组成一个词——木鸟，"木鸟"即啄木鸟，专门啄你们这些树苗身上的虫子，不让你们生病！这就是我，你们的好朋友兼语文老师——杨鹏。（笑声，掌声）

好，我已经介绍了自己，同时，我也很想了解你们，你的同学也想了解你。现在，我给大家一张纸，请你们按投影上的格式作自我介绍，要讲出你的特点和个性。介绍时间为1分钟。（各小组长发教师事先制好的有边框的纸）

教师出示投影内容：

自我介绍

我叫＿＿＿＿＿＿＿＿＿　　来自（出生地）＿＿＿＿＿＿＿

我是一个（性格）＿＿＿＿＿＿　我最大的爱好＿＿＿＿＿＿＿

我最得意的是＿＿＿＿＿＿＿　我希望（理想）＿＿＿＿＿＿＿

我坚信（座右铭）＿＿＿＿＿＿＿＿＿＿＿＿＿＿＿＿＿

　　　　未来的（职业）＿＿＿＿＿签名＿＿＿＿

（学生写，教师到学生中查看，8分钟后）

师：大家都写好了吗？

众生：写好了。

师：请谁第一个起来自我介绍？

田野：我叫田野，来自落心村。我是一个性格开朗、脾气暴躁却又懂得体贴别人的女孩。我最大的爱好是交朋友。我最得意的是尽管我脾气暴躁却还拥有很多知己。我今生最大的理想是成为一位优秀的电脑专家。我

始终坚信：既然是希望的田野，就没有失望的田野，更不会有失败的田野！未来的电脑专家田野。谢谢！（掌声）

师：希望在田野上，成功在行动上。只要不断努力，未来的电脑专家，我们相信你离成功不远。有请下一位。

雷若男：My name is Lei Ruonan，来自鸣珂村。大家不要一听名字就认为我是个男子汉，我其实是一个"袖珍型"girl。（笑声）我最大的爱好是写作文，我最得意的是小学六年级参加全国作文竞赛获了二等奖。我今生最大的理想是当作家。我始终坚信：我是最好的。未来的作家雷若男。谢谢！（掌声）

师：呵，身体"袖珍型"，心胸"大海型"，头脑"聪明型"，让我们用掌声记住我们这位未来的大作家雷若男。（掌声）

（一男生举手）

师：呵，我们的男同胞沉不住气了，我们把机会送给勇敢的陈龙。

陈龙：我叫陈龙，来自屯田。别以为我是香港著名影星，我的父母为我取这个名字，体现了父母们的期盼：望子成龙。我敢保证，我的父母绝不是追星族。（笑声）我最大的爱好是打球。最得意的是在学校迎新篮球赛上我们"砍翻"了牛气冲天的一（1）班。我希望将来能成为一名 NBA 球员，像姚明一样到处出风头。（笑声）我始终坚信：一个人要出人头地不只是读书，还有更多的路可以走。未来球星陈龙谢谢你们的掌声。（两手握拳，左右示意。掌声、笑声）

师：是呀！今天认真读书，是为将来搭建平台，真希望你能找到适合自己发展的路子，将来也像姚明一样四处显身手，为国家、为民族争光！

（众多学生举手）

师：我们把机会送给那些默默无闻的人。谭志强，我们想听你精彩的自我介绍。

（谭志强缓缓站立，面红，用手挠头）

师：眼睛看着我们，你就有了无穷的力量，你是男子汉，慢慢说。

谭志强：我叫谭志强，来自永安。我是一个胆小、害羞的人。我最大的爱好是……是走棋。我最得意的是我有爱我的爸爸妈妈。我今生最大的愿望是当一名称职的教师。我始终坚信：只要努力，就能成功！

师：我终于找到一位知音了，请大家给我的"同事"掌声，因为他从事的将是太阳底下最光辉的职业。（掌声）

师：现在只有最后一个名额了。

（学生大喊：我来。教师见阳望春坐在教室的角落里一言不发）

师：机会往往更青睐那些"不争"的人，我们有请阳望春起来为我们介绍，大家掌声欢迎。（全体掌声）

（教师用期待的目光看着他，过了一会儿，阳望春站起）

阳望春：我叫阳望春，来自大溪。我是一个无父无母的孤儿，性格孤僻内向。我从小就跟叔叔们一起生活，叔叔告诉我，之所以给我取这个名字，是要让我相信：心中有阳光，人生就有希望，没有不开花的春天。（掌声）

师：这是一句很有哲理的话，讲得太好了。它像一堆火，为我们冰冷的心送来温暖，它像一盏灯，照亮我们夜行的路。让我们一起为你祝福：让春天和鲜花永远与你相伴！（掌声）

师：同学们，由于时间关系，在课堂上自我介绍就到此为止。

（一学生举手）

师：请讲。

生：杨老师，你还没告诉我们，你的爱好、理想和座右铭？

师：呵，杨丹，不愧是咱们班上的纪律委员啊，问问题问到我的头上来了。

杨丹：你经常讲要民主嘛！

师：好，我"招供"！（笑声）我最大的爱好是教你们这些优秀的学生，我最得意的事是在全国报纸杂志上公开发表了50多篇文章。我的理想就是想在我的墓碑上刻上"著名农村教育家杨鹏之墓"，我坚信：生命

因教育而精彩！（笑声，掌声）

师：好了。我想，我们今天还有很多的同学没有机会在课堂上作自我介绍，但他们已经把精彩写在纸上了，我有个想法，我们把这些纸都收上来，编辑成一本书，作为一（2）班永久的纪念，你们看好不好？

众生：太好了！

师：那谁来当编辑？取什么书名呢？谁来作序？

生：田仁桃是班长，她任主编；陈祥会是学习委员，任编辑；你是我们的语文老师，请您来作序。至于书名……还真得好好想想。

王虎：书名就叫《藏龙卧虎》！（笑）

陈龙：好！我举双手赞成。

师：说说你们的理由。

王虎：我们一（2）班，人才济济，高手如林，你陈"龙"，我王"虎"，取名《藏龙卧虎》再合适不过了。

李小松：我不赞成你们的意见。

师：呵！有人提出了反对意见，请你说说理由。

李小松：《藏龙卧虎》太张扬，显得很不谦虚，有点儿锋芒毕露。

众生：对！（鼓掌）

师：那你给取个名。

（李小松思考）

任凤英：取名《苗岭之春》。

师：说来听听。

任凤英：我们就像春天的禾苗，长在贫瘠的山岭之上，但我们心怀梦想，渴望长成一棵参天大树，我们朝气蓬勃，必为大地之春带来浓浓绿意。（掌声）

师：精彩，真不愧有"小诗人"之称！此名立意高远，表达在现实与意象之间，恰如其分。让我们以热烈的掌声对《苗岭之春》的诞生表示祝贺。（掌声）

师：接下来，就该杨老师为你们这本《苗岭之春》作序了。请班长把纸收上来。

（教师思考后）

同学们，序言已出。《在秋天》：在秋天/我们相识，从四面八方赶来/在秋天/我们携手，不分贫富贵贱/在秋天/我们收获友谊/用真心换来诚心/用真情迎来真爱/在秋天/我们播种希望/希望在田野/没有不开花的春天/这是春天的交响/这是苗岭的序言/这是梦想起航的港湾/这是友谊升值的家园/在秋天/让我们用心歌唱《友谊地久天长》！

（师起唱，师生同唱《友谊地久天长》）

师：下课，同学们再见。

生：（起立）谢谢老师，老师再见！

教后反思："这就是我"是人教版七年级语文上册第一单元口语交际课题，其目的是想让刚进入初中的新生，通过自我介绍，正确认识自我，展示自我风采，树立信心，增进同学之间的相互了解，引导学生学会怎样与初识的人交往，在新的集体里快乐学习，和谐相处。在教学时，我的亲切、平和、幽默、风趣的自我介绍，犹如在课堂中加了一味"兴奋剂"，让学生放松了心情，提升了兴趣，激发起了学生说话的欲望。

第五篇
品质教育思想

品质教育——每个人都高品质

每到沿海教育发达地方参观考察学习，常听专家、校长们介绍快乐教育、幸福教育、有温度的教育等办学思想，心情激动之余，我便更加诚惶诚恐！我总是仰望星空，觉得教育就应该是这样，这才是我们的"诗与远方"！但回到全国深度贫困县的初中校园里，凝视着那些数以千计刚从贫困线上挣脱的孩子一双双渴望走出大山的明眸，快乐、幸福那些近乎奢侈的教育理念瞬间便荡然无存。唯有教育才会改变学生的命运，当务之急是要在我服务的半径内让适龄少年都去读书、都能在较好的条件里读书，都能把书读好，这才是一个西部农村校长的使命与担当！于是，根植于我内心深处的教育信念是：做品质教育——每个人都高品质。

一、品质教育的心路历程

（一）成长的艰辛泪孕育朴素的品质教育观念

我出生在一个边远贫困的小山村，那种以粗粮素菜果腹的饥饿、以布衣胶鞋暖身的穷困、以血泡磨成老茧的疼痛和以汗珠洒成雨滴的艰辛至今仍历历在目。山村很遥远，去乡场赶集要走几小时山路，到村里的小学上学每天来回要走十多公里，在那个与世隔绝的世界里，村民们日出而作，日落而息，全年收入取决于老天爷的心情，如遇灾年，大半年都在逃荒。我家人口多，兄妹七人，劳动力少，从我记事起，饥寒交迫就一直赖在我家里，怎么也赶不走。如何才能让我们活下来成了父母当务之急，至于读书似乎更遥远。时至今天，山村已发生巨大变化，宽阔的公路已经取代了昔日的羊肠小道。每回山村，我就情不自禁地感慨：在这么一个"鸟不生蛋"的地方，当年还是穷小子的我以及我们院子里的那些泥巴裹满裤腿的小伙伴们凭什么走出了山外？答案只有一个：教育。于是一个朴素的有关品质教育的观念在我的脑海里形成：一个地方的落后，首先是教育的落后；一个地方要改变，首先教育要改变。教育改变命运，教育成就未来。越是贫穷的地方越需要高品质的教育！

（二）坎坷的求学路滋养了生态的品质教育思想

我们是没有条件去村里的小学上学的，既走不起，也送不起。当村干部的父亲也知道教育的重要性，为了不耽误我们的求学，万般无奈之下，找来了两个村里的初中毕业的老师，叫各家孩子自己带上饭桌和板凳，在村集体的社房里开始上课，我们就有了自己的学校——画稿坪教学点。我很怀念在教学点读书的时光，因为人少，学校间隔一年招生，两个教师上四个班级，每间屋里同时有两个年级的学生上课，老师只能复式教学，常常是上完高年级的学生让高年级的学生带低年级学生学习。我成绩好，常常在讲台上教学生们读书，老师就断言：这小子今后是教书的料。那时候书很少，就语文、数学、品德三本书，内容不多，每天早上都读，一学期下来，早背得滚瓜烂熟。作业不多，基本上在课堂上就能完成，回家就参加劳动，砍柴、割草、挖土、种地，天长日久竟有了一副好身板。课外活动很丰富，老师们也教我们唱歌、吹笛子，在土泥坝上用自制的体育器材跳绳、拔河、下棋、打乒乓球。老师和家长并不担心我们的安全，爬树上坎、打架斗殴也是常有的事，犯错了教师用教鞭抽打手心，痛得要命不能喊，回家不能给家长讲，否则又是一顿打。老师是最受人尊敬的人，逢年过节还请老师来家里吃饭。在那个小升初还要考试，凭分数录取且录取率只有20%的年代，我们一级9人竟然全部考入了乡里的初中，升学率达到100%。多年以后，这个只办了五年的教学点的毕业生中，2人当了初中校长（1人省级名校长工作室主持人，1人省级名师、乡村教育家），1人成了市级骨干教师，1人当了局长，26人有了国家体制内工作，这应该是这个教学点的奇迹！

进入初中后，我最害怕的就是开学交不起学费，老师常在班上点名催我交费，搞得我无地自容，幸好我们寨子里有一位老师在初中教书，他出面担保可缓几天交费，才让我断断续续完成初中学业。中考我考入了县一中，当我兴高采烈地把录取通知书拿给父亲时，父亲摇头了，绝望让我和父亲泪流满面。因家里实在没钱送我读高中，我被迫在家里务农，起早摸黑，风来雨去，我就像在黑夜里行走，不知道出口在哪儿。朝阳升起到夕阳西下，我在贫瘠的土地上汗流浃背，度日如年。劳动的艰辛和收成的失望激起了我再度求学的渴望，我四处求救，后来是并不富裕的舅舅资助我到初中继续补习，我倍加珍惜，以优异的成绩考入师范，才有了教书的工作。以至于我后来当了校长，常常去思考当年这个教学点和初中求学坎坷路对我教育思想的影响：学校没功利、管理很宽松，师生很和谐；教师文凭不代表水平，尽责爱生的老师才是学校之宝；学校没教材，但应有丰富的课外活动课程；安全重要，但教会适应远比限制行动更重要；给每个学生以关爱，特别是那些贫困家庭的孩子，他们的未来不可预知；学生会迷惘，成长路上需要陪伴，有时还要等一等。这些原生态的教育思想注入我的血液里，以至于我任校长后在我的办学思想里始终以它们为导向，不断敲打我、激励我、丰富我，艰辛的求学路滋养了原生态的教育理念，充盈了我的丰富的品质教育思想。

（三）丰富的工作经历积淀了厚重的品质教育精神

1994年20岁的我师范毕业被分配到永安乡完小任教。我是四年级（2）班数学教师并兼班主任，凭着我的勤奋、激情和热爱，当年全县统考，我以平均分达81分的教学成绩在全乡一战成名，教办主任在全乡教育工作表彰会上高度赞扬我：工作态度是教师榜样，工作方法值得总结推广，工作成绩永安乡前无古人！次年因人事变动，21岁的我便被任命为学校副校长主持学校工作，我成了全县最年轻的校长，从此开启了我专职校长职业生涯的大门。永安乡完小是一所有近 800 名学生、60 余名老师、18 个教学班的完全小学，规模不大不小，初出茅庐的我那时候浑身是劲儿，有的是时间和精力，带领全校年轻教师苦干实干，学校管理突飞猛进，教学质量蒸蒸日上。还记得当校长的第一年，县教育局组织对全县学校年终考评，小学考评组给我校打了 99 分，成了全县第一名。组长当时在考评中学，没去我校，对此分数表示怀疑，要我带他去"复查"，当他看到我办公室规范整齐的资料，看到校园干净整洁的环境卫生，尤其是看到学校还建起了花坛，搞起了绿化和文化墙（全县学校当时还没有校园文化、校园绿化的概念），他满意地回去了。他在全县考评工作汇报会上这样讲："以前，我们不敢用年轻人，这次永安完小给我们上了一课，这年轻校长有思想、有干劲、有能力、有成绩，值得好好表彰！"我被评为全县优秀教育工作者，同时安排我在全县教育工作会上做经验交流发言，我成了全县有名的"娃娃校长"。我在这所小学当了三年的校长，学校变化了，管理上去了，质量提高了，学校干得风生水起，但我并不满意，老师们也并不开心，我总觉得在这三年的校长任职中，办学似乎少了点"盐"，事业干得并不是有滋有味，学校是否还能可持续发展，我给打了个大大的"？"。

我得继续追寻。1998 年我参加成人高考，到省教育学院开始我的脱产学习充电。我报的是教育行政管理专业，没想到录取的人太少，没开成班。我到招生处要求专业调整，处长看了我 666 的高考分数，破例把我调到政治教育专业学习。在教育学院进修的两年，我更加系统地研修了教育教学理论，2000 年以优异的成绩毕业后调入永安乡教育辅导站任中小学专职教研员，两年后任永安乡教辅站站长，成了乡里最高教育行政管理人员，一年后借调到教育局挂职学习。这是我教育管理的成长期，在这五年多的时间里，我开始对农村中小学教育有了系统的思考，对学校管理有了更深层次的研究，对教育教学有了更全面的探索。在这期间，我在《教师博览》《中小学管理》《贵州教育》《铜仁日报》等报纸杂志上发表论文、散文、通讯等文章50多篇，教育管理实现连续五年全县教育系统先进单位。品质教育的一些基本理念在学校管理中已见雏形，对品质教育的渴望、理解与实践日渐丰满。

2006年，注定是我从业生涯中不平凡的岁月。这一年，永安中学遭遇滑铁卢，县教育局要我火速出山。我临危受命，任教辅站长同时兼任永安中学校长。

这是一所离县城最远的学校，全乡总人口约12 000多人，适龄少年就读初中常年也就四五百人，在我接手时，学校只有320人。我曾在全校教职工大会上分析当时的永安中学患有"三种病"：一是"贫血"，68个债主欠债87万元，在当时对一个规模这么小的学校已经是一个天文数字，学校根本不能正常运转；二是"缺钙"，因教育质量不高，教师腰不硬，师生抬不起头，学校没有精气神；三是"癫痫"，学校脏、乱、差，教师庸、懒、散，学生油、逛、闲。面对这所病入膏肓的学校，我决定用猛药。

我的办学目标是"让学生们都来读书，让学生们都在好的条件下读书，让学生们都把书读好"，接二连三打出"改善办学条件、加强教师培养、狠抓学校管理、全面提高质量、提高幸福指数"一套组合拳，一年见效，三年变样，五年已是众望所归。在这期间，学校面貌焕然一新，学校拆除了8幢旧房，新建了4幢大楼，教师住上了单元集资房，学校有了运动场、百花岛、喷水池，学校变成了全县最美的花园式乡镇中学；学校教学质量年年新高，从以前考几个县城一中到考数十个到上百个，考全省一类示范高中从零到有到十个以上，平均分进入全县前列，有一年更是全县第一。教学管理远近闻名，一时间周边县乡来校考察参观者众，来校求学者多，学校在校生急增近800人。师生幸福指数高，每提及永安中学，学校师生都很自豪。以校为家，以校为荣，教师人心所向，凝聚力强，学校和谐发展，社会评价度高。随着考入重点高中人数增多，考入大学人数逐渐增多，全乡每年有二三十个一本，六七十个二本大学生。老百姓每谈到永安中学总说，一个大学生就是一个农村家庭的未来，是永安中学改变了众多孩子的命运。这期间，我荣获了全市优秀教育工作者称号，当选为铜仁市第一届党代表。6年后我调到教育局，听到我要走的消息，老百姓很失落，师生们很不舍，学校煮饭的师傅都哭了。

总结我任这两所学校校长的经历：我以为在永安完小任校长的三年间我是"做事的校长"，事做得很多，学校也有了很大的变化，但我始终认为我只懂了一点儿教育的皮毛，我自认为是不成功的，但它有了让我认真思考和反省的样本，为我后来任校长奠定了坚实的实践基础。在永安中学任校长的六年间我是"做人的校长"，"心中有人，面向所有人，为人好，对人好，让人更好"诠释了我在永安中学办学实施品质教育的基本思想。"办人民满意的教育"是每一个教育工作者毕生的追求，我想它更是教育是否有品质的检验标准。在城市是要让我们的市民满意，在农村是要让我们的村民满意，老百姓最满意的就是把一个看似无望的孩子送到学校来看到了希望！学校能做到让他们站得更高，走得更远，让学生们拥有未来的教育就是高品质的教育。

二、品质教育核心要义解读

《现代汉语词典》中"品质"是名词，指行为、作风上所表现的思想、认识、品性等的本质；也指物品的质量。在百度中"品质"一词解释：指人的素质和物品的质量，人的素质指人的健康、智商、情商、逆商等状况和知识、文化、道德素养，物品的质量指物品满足用户需要的标准，比如：外观、构造、功能、可靠性、耐用性等，如果是产品还包括服务保障等。顾名思义，品质教育就是把学校办成大品牌，把每一个人都培养成高品质人才的公平而有质量的教育。

（一）品质教育的基本理念

1. 品质教育是致力于"四个满意"的教育

党和国家的教育方针指出：教育为人民服务。人民教育人民办，办好教育为人民。为人民服务是办教育的出发点和归宿。当前，各地尤其是西部特别是贵州相对落后地区，教育的主要矛盾是人民群众对优质教育的需要与供给的严重不足，优质教育资源稀缺，名校"一位难求"，落后地区的教育水平长期相对滞后，人民对教育的满意度始终不高。品质教育致力于在相对贫困和落后地区，办大品牌学校，育高品质人才，让当地百姓子女就读于家门口的大品牌学校，接受高品质教育，让学生满意，教师满意，人民满意！

2. 品质教育是着眼于"三个面向"的教育

邓小平同志早在 1983 年为北京景山中学题词时就指出"教育要面向世界，面向现代化，面向未来"。国家把教育摆在优先发展的战略地位。贵州省委提出要让贵州后发赶超，后来居上，需要靠教育"弯道超车"，占领人才高地，必须教育先行。一个地方的落后归根到底是文化的落后、教育的落后。越是落后的地方越要办好教育。品质教育就是要克服信息相对封闭、经济相对落后、生源质量相对较差、办学条件相对薄弱等客观条件制约因素，以大视野、大情怀、大气魄、大手笔，跳出小圈子，面向世界，面向现代化，面向未来办教育。

3. 品质教育是着重于"两个全部"的教育

《国家中长期教育改革和发展规划纲要（2010—2020 年）》指出，把促进公平作为国家基本教育政策。重点是促进义务教育均衡发展和扶持困难群体，根本措施是合理配置教育资源，向农村地区、边远贫困地区倾斜，加快缩小教育差距。要坚持教育的公益性和普惠性，保障公民依法享有接受良好教育的机会。要逐步实现基本公共教育服务均等化，缩小区域差距。努力办好每一所学校，教好每一个学生，不让一个学生因家庭经济困难而失学。品质教育就是着重于面向全部学生，不分地域、种族、性别、年龄、身体状况、智力差异都能被同等对待，只是发展路径不同，但接受优质教育权利均等。品质教育同时强调要促进学生德、智、体、美、劳全面发展，身体与心理、知识与技能、情感态度与价值观和谐协同共进。只有全部学生都得到全部发展的教育才是真正的品质教育。

4. 品质教育是专注于"个体优质"的教育

品质教育从不避讳抓教学质量，始终认为高质量的教育才是高品质的教育。品质教育因人而异，因材施教，追求"个体优质"。把提高质量作为教育改革发展的核心任务。树立科学的质量观，把促进人的全面发展、适应社会需要、满足人民心愿作为教育质量高的根本标准。树立以提高质量为核心的教育发展观，注重教育内涵发展，倡导学校办出特色、办出水平，出名师，育英才。所培养的每一个人都能找到最好的适合其本身的发展区，成人成才，成为最好的自己，成为最优秀的个体，个体优质的教育就是高品质的教育。

（二）品质教育的核心要素

教育始终围绕"为谁培养人，培养什么人，谁来培养人，怎样培养人"这四个问题展开。

1. 品质教育为谁培养人？

为党育人，为国育才，培养社会主义建设者和接班人是学校办学的根本宗旨，是教师的神圣使命，是办学者的责任担当。

2. 品质教育培养什么人？

品质教育旨在培养具有品性善良、品学渊博、品貌阳光、品位纯真，品质卓越等素养全面、品质突显的"五品少年"。品性善良深化了德育，集中体现在内心向善、为人正直、公民素养、和谐共生、文化自信等方面，包含了对他人、社会、自然、文化的态度和理解；品学渊博诠释了智育的学业层面和学识层面，包括了乐学、会学、恒学、学会、学丰、学成等，倡导崇文重理，跨界贯通，全面提升；品貌阳光突出体育与健康，包括整洁外表、良好习惯、健壮体魄、坚毅性格、健康心理等五个方面；品位纯真包括言行儒雅、审美情趣、人文素养、求真向美等；品质卓越剖析了新时代劳动教育的基本内涵，包括动脑质疑、动口表达、动情合作、动心探究、动身实践等，创新是劳动教育的最高境界。品质教育注重学生综合素养的提高，把培养"五品少年"作为办学目标贯穿教育全过程。

3. 品质教育谁来培养人？

依靠高品位教师。品位是一个人道德、情趣、学识、素养的集中体现，品质教育致力于打造高品位教师队伍。高品位教师其核心素养概括为具有高洁情怀、高尚品德、高深学识、高超技艺、高级趣味，集这"五高"于一体。高洁情怀包括爱国爱教、四个自信；高尚品德包含遵纪守法、爱岗敬业、关爱学生、为人师表；高深学识包含求知强烈、知识渊博、功底深厚、学习力强；高超技艺指教学风格独特、方法独特、因材施教、循循善诱；高级趣味指不庸俗、不低媚、无不良爱好。解决谁来培养人是学校管理的重中之重，高品位老师培养是品质教育实施的前提和保障。

4. 品质教育怎样培养人？

我始终认为，教育是一场长跑，跑道的长度是学生的一生。在学校受教育3年，为学生想30年甚至一生。初中教育是为学生的成才奠基，为学生一生的幸福铺路的基础性工程，其培养路径靠校园文化的浸润，靠学校课程的培育，靠教育管理的推动，靠家校同盟的共建，靠教师言传身教的滋养。品质教育致力于建设高品质的校园文化，从塑造精神文化高地、打造环境文化圣地、建设制度文化福地三个维度全面挖掘、提炼、规划校园文化建设，彰显隐性育人价值，滋养学生心根。品质教育致力于品质课程的开发，通过开齐开足国家课程，挖掘开发地方课程和校本课程，构建符合本校实际又突显地方教育特色的课程体系和课堂教学模式，促进教学水平和育人质量的提高，形成鲜明的自成一体的办学特色。品质教育强调高效教育管理，改造薄弱学校，办成高品质的品牌学校，要靠教育管理强势推动。品质教育强调人性化、精细化、和谐化管理，提高师生幸福指数，彰显品质教育人文关怀。品质教育强化家校联盟，充分借力家庭、社会教育资源，破解教育发展瓶颈，形成"三位一体"教育格局。

三、品质教育的四中实践

我现在任职的学校——松桃民族寄宿制中学（原称"松桃三中"，现称"松桃四中"，以下统称"松桃四中"），是从县一中（完全中学）把初中部剥离出来在原松桃民族师范学校校址创办的一所全县优质初中，也是贵州省第一批命名并建设的民族寄宿制学校之一。

记忆中的四中是让人神往的地方。学校创办于 1998 年，那时候是真正意义上的全县重点初中，全县优质生源汇聚四中，骨干教师云集四中，教育质量荣耀四中，松桃四中真正成了全县教育的一面红旗，教书的、读书的谈到四中都说那是一块让人心绪激动的精神家园。四中的这段辉煌历史沉淀了四中和谐、拼搏、力争上游、永不言败的校园精神文化。我和很多老教师谈到过去、谈到与他校争生源、比中考这些创业、守业的片段，很多老教师尽管年岁已高，却依旧风采激扬，折射出四中那一代人挥之不去的定格在四中发展路上的风景。可以说，那一代人的艰苦奋斗史就是四中发展的光荣史，这当中凝聚了很多教师的心血，有历届领导班子的苦心经营。所以，记忆中的四中是让人神往的地方，无数的教育精英想来，走出去的教育精英却依旧留念。

现实中的四中是让人纠结的地方。前些年，学校在壮大发展进程中，为改善办学条件，欠了债务；因不善于宣传，外界并不了解学校，社会上批评的声音多，称赞的声音少；学校教学质量提高遇到瓶颈，办学水平提高不明显，不突出，没特色。学校成了让人纠结的地方。

2014 年 7 月，组织安排我到松桃四中继续我的"品质教育之旅"，不惑之年的我再度出山。我对学校进行深度调查研究之后发现，松桃四中办学优势不少，得天独厚的区位优势、无校可比的师资优势、团结和谐的文化优势，这都是四中办成一流初中的必要条件，办好四中我有信心。经班子研究，我们提出了"12345"办学思路：强化一个目标：把四中办成全县极品、全市珍品、全省上品，让学生有品质、教师有品位、学校成品牌。通俗地讲，就是学校在省里面要排得上号，在市里面要出得了头，在全县要办成最好。重出两个拳头：一个是抓教育质量的拳头，一个是抓学校管理的拳头。严守三个方略：理性制定政策、刚性执行制度、人性情感关怀。构建四个体系：科学的评价体系、丰富的课程体系、安全的保障体系、厚重的文化体系。实现五个提高：办学条件、师资水平、学校管理、教育质量、幸福指数五个方面得到全面提高。总的来讲，就是要建设平安四中、质量四中、示范四中、幸福四中"四个四中"。源于这个办学思路，在松桃四中开始了我的"品质教育"实践。

（一）打造高品质校园文化　滋养品质教育精神

1. 整合传统与历史，提升学校精气神，塑造学校精神文化高地

一是挖掘学校核心理念。在校园文化建设中，学校的核心理念体现了办学目标、办学思想和办学精神。中华优秀传统文化中"儒家文化"所倡导的"仁、义、礼、智、信"蕴含的正是社会主义核心价值观中公民个人层面上"爱国、敬业、诚信、友善"的具体内容，也是当今教育"立德树人"的基本要求。这其中主要思想是以人为本，其教育主要功能是培养"干净的人、幸福的人"。为此，我们提炼出我校的核心理念是"教育清亮人心，教育幸福人生"，学校价值观是"人人有位置，人人有价值，人人在进步，人人获幸福"，学校使命是"为学生成才奠基，为学生的幸福铺路"，学校的办学目标是"每个人都高品质"。

二是提炼学校"一训三风"。在儒家思想中，德、善、仁、义始终占据主导地位。"自省、向善、宽恕"是孔子践行的德育理念，"因材施教、有教无类、学而时习"是孔子主张的教育思想。结合学校实际，我校提炼出校训是"厚德致善，博学致远"，厚德让学生的精神长高，博学让学生的人生走远；校风是"遵纪、尊人、活学、和谐"；教风是"敬业爱生、博学勤研、教书育人、言传身教"；学风是"学而不厌、学而时习、学思

结合、学以致用"。学校"一训三风"蕴含了儒家思想中德育与智育的精华，让师生以训为魂，树教育气正风清。

三是归结"师生誓词"。师生誓词是表达师生心声，彰显师生精气神的具体体现。"爱国主义精神"和"自强不息精神"是中华优秀传统文化精神实质的主要体现。我国优秀传统文化中的爱国主义精神和自强不息、艰苦奋斗的精神是支撑中华民族五千年灿烂文化绵延发展、蓬勃向上的重要驱动力。学校发展面临不同程度的问题和困难，特别是在推动学校发展改革进程中，面对层层障碍，更需要教师爱国敬业，艰苦奋斗。学生面对学习和生活困难，也只有从小立下报效祖国的远大理想，才会自强不息，以苦为乐，奋发向上。为此，我校归结学生誓词是"我是父母骨肉，我是四中学子，我是中华儿女，我要用自信、用刻苦、用坚持、用成功报恩父母、报答四中、报效中华"；教师誓词是"贯彻党的教育方针，忠诚党的教育事业，履行教师神圣职责。修身立德，为人师表；追求真理，崇尚科学；敬业爱生，教书育人；淡泊名利，严谨治学；传承文明，勇于创新；终身学习，不断进步。为全体学生美好未来，我愿奉献全部智慧和力量"。爱国敬业、自强不息、刚健有为的积极民族精神融入师生誓词中，师生就有了积极向上的精神支柱，学校办学水平和教学质量就能在师生的奋斗下得以快速提高。

构建高品质学校精神，学校就有了"以人为本"的办学精神和灵魂，就远离了肤浅的以"单纯追求升学率"的教育功利，就集中体现了教育"功在当代、利在千秋"战略地位，就有了构建"和谐校园"的文化根基，学校就有了深厚的文化底蕴，学校的办学思想和办学品位就得到了较大的提升。

2. 融合传统与现代，展现学校真善美，打造学校物质文化圣地

一是在学校命名文化中展现厚重。学校命名想要高雅、博大、厚重，必须有经典名句支撑。为此，我校教学办公大楼命名为志学楼、尚学楼、乐学楼、劝学楼；学生宿舍楼命名为明德楼、齐贤楼、知新楼、致远楼。

上述名称皆出自《论语》《三字经》《三国志》《劝学》《礼记·大学》《诫子书》等中华优秀传统文化经典。同时学校对主要区域命名有：一台"冠景台"、两室（教室、寝室都各有名称）、三路"杏仁路、丹桂路、书山路"、四园"至善苑、智慧园、百花苑、百草园"。这种具有深厚文化底蕴的命名文化，充分展示了中华优秀传统文化的魅力，让师生久留于心，一生受用。

二是在学校主题文化建设中展现博大。为彰显学校校训中有关"德、智"主题，我校以德、智教育为主线，建设两个主题文化园：其一是至善苑。至善苑由花鼓凤凰雕塑、至善长廊、至善椅等主要建筑物构成。其中花鼓凤凰雕塑寓意为"山中凤凰，闻鼓起飞"。至善长廊上悬挂着中华优秀传统文化中有关"德、善"的名言。至善石椅上刻有"自省、向善、宽恕"等字样。其二是智慧园。智慧园由智慧门、智慧亭、智慧长廊、智慧人物雕塑构成。智慧门由"自尊、自信、自重、自省、自律、自强"六道门连贯；智慧长廊由"至真、至诚、志气、志学、智慧、智能、致力、致远"八大柱支撑，柱上刻着中华优秀传统文化经典《道德经》中关于智慧的名言，黑木烫金牌匾，大美厚重，彰显中华优秀传统文化博大精深，学生常休憩于此，耳濡目染，深受教育。

三是在学校室内文化建设中展现魅力。为增强办公室、教室、寝室、食堂等室内环境育人氛围，根据《松桃民族寄宿制中学（松桃四中）校园文化建设规划》，我们对室内文化着重建设"十个一"：即一张中国国旗、一块师生形象牌、一块室内公务牌、一些经典名句、一些书法字画、一条教育训词、一些规章制度、一些师生寄语、一些艺术饰品、一些自种花草。其中经典名句与书法字画，无不展示了中华优秀传统文化的内在精神和无限魅力。师生早读晚诵，沁润心田。

在校园物质文化建设过程中，充分秉承人性化的建设理念，全面融合和继承我国优秀传统文化，使校园的环境建设充分融合传统文化因素，既可营造高雅的校园育人环境，构建人性化的物质文化设施，增强校园物质设施的文化底蕴，又能发挥其教育功能，满足学生的生活及精神需求，陶冶师生情操，净化师生心灵。物质文化建设中融入中华优秀传统文化，时时处处展现了学校真善美。

3. 凝聚制度与情感，传递学校正能量，构建和谐校园福地

在学校规章制度管理中体现主人公精神。我们在学校规章制度管理中充分体现"礼"和"理"。一是主导"礼治"，清理废除学校不必要的冰冷的规章制度，让"礼"温暖管理与被管理的关系；二是理顺关系，理清思路。管理重在"理"，不在"管"，最重要的是让教师认"理"，知道自己什么可为，什么不能为。理清了领导与教师的关系，教师与学生的关系，管理关系变得融洽，大家以礼相待，以理服人。

在学校规章制度制定中体现人本精神。在学校制度文化建设的过程中继承中华优秀传统文化，既要注重校园制度的强制性功能，制定并实行规范化的管理条例和规章制度，以维持校园内的环境秩序；同时亦要注重其引导功能的发挥，要突出校园制度文化建设的人本理念，即通过软性文化与硬性制度规定的结合，充分发挥传统文化在制度实行过程中的协调性作用，以调动师生的积极主动性。一是规章制度制定发动全员参与，广泛征求意见，让其具有扎实的民众基础，得到绝大多数人的拥护认同，从而引导教师自觉严格遵守；二是制度内容始终彰显"以人为本"。《松桃民族寄宿制中学（松桃四中）教师考勤管理制度》中，并不要求教师上班签字、打卡，只实行弹性坐班制；明确规定如亲人生病陪护、家中红白事等多类特殊假不予考核扣分；对生重病教师予以特殊照顾；等等，充分体现了中华优秀传统文化中的"礼治思想"，充满了人文关怀和手足亲情，校园温馨如家。

在学校规章制度执行过程中体现和谐。学校是教化育人的场所，僵硬地执行冰冷的制度只能使学校管理者与被管理者相互对立，天长日久便会离心离德。因此，我们将《论语》中所倡导的"自省、向善、宽恕"融入学校制度文化的执行中，在《松桃民族寄宿制中学（松桃四中）教师履

职考核方案》中对年龄较长的教师实行教龄加分照奖励，对身患重病不在岗的教师免考核不扣绩效工资，对工作十分敬业教师出现工作失误予以宽容，对有小错误的教师进行善意谈话提醒，对喜欢标新立异的教师进行鼓励，对有突出贡献教师进行表彰，等等。宽厚仁爱的制度执行，师生就可以按照传统文化来要求自己，对自己身上存在的问题进行审视和纠正，学校就有了积极向上的力量。在规章制度执行过程中努力营造更加人性、宽厚、包容的氛围，有力地推动校园的道德建设，学校教风学风风清气正，时时处处充满正能量。

校园文化建设对于校园建设和人才培养至关重要。具有深厚文化底蕴、融入中华优秀传统文化的校园文化建设既能创建优美的育人环境，彰显良好的校园形象，又能提高师生的综合素质能力，形成正确的人生观、价值观，保障学校健康持久的发展。

（二）构建高品质课程资源　推动品质教育落地生根

品质教育认为，初中阶段是学生优良品德形成的重要阶段，教育的使命就是为其未来发展的无限可能性提供一切有利条件，课程是满足学生未来发展的跑道。课程即生活，课程即生长，课程即教育，课程即影响。建构高品质课程，发展学生的独立、自信、自立，把学生培养成身心和谐、德才并举、个性与社会性相融、根脉传承与国际视野共生的现代人。

1. 构建"五品课程"

为构建"五品课程"体系，学校集聚教师、家长、社会资源，着眼核心素养培育，打造"521"工程。即五个打破，两个联通、一个保障。"五个打破"即打破教材边界、学科边界、学校边界、学区及区域边界、社会及生活边界；"两个联通"就是学校与家庭联通、学校与社会联通；"一个保障"就是教育资源全方位保障。从课程的广度、深度、关联度进行探索，把课程分为必修课、选修课、研修课三个层次，建构起基础课程、拓展课程、项目课程"版块式"品质课程。（如下表）

研修课程 项目课程	论语品读 党史探究	导师课程 研究课程	美学鉴赏 形体训练	音乐鉴赏 书画赏析	3D打印 机器设计
选修课程 拓展课程	礼仪养成 红色故事 国防教育	学法指导 悦读阅读 快乐数理	冠军球技 健美律动 棋逢对手	梦想合唱 青春舞蹈 儒雅书画	少年编程 物理探秘 生物解剖
必修课程 基础课程	德育课程	文理课程	体育课程	艺术课程	综合课程

最底部为基础课程，也是必修课。在尊重国家课程教材体系的基础上，努力发掘课程的横向联系，打通国家、地方课程壁垒，将现初中开设的 13 门学科进行了内容上的勾连、整合，形成了德育课程、文理课程、体育健康、艺术课程、综合课程等 5 个有内在联系的课程模块。在开齐开足国家课程的基础上，学校积极研发拓展课程（选修课），拓展课程肩负着学生后续发展内生动力的激发，是品质教育形成核心素养，学校形成办学特色的重要抓手。在课程结构顶部是研修课程，即项目式学习，它是学生综合能力和素养得以集中运用和体现的课程，是培养学生高级思维能力的载体课程。"版块式"课程结构运用了整合的思维，跨界的视角和融通的思想，学校研发选修课、研修课 18 门，让每个学生都能在课程学习中寻找自己，发现自己，成为最好的自己，带给学生的是头脑和心智的全面成长，为培育高品质人才奠定了坚实的基础。

2. 打造"品质课堂"教学模式

品质教育认为，学生是学习的主体，课堂不是灌输知识的材料场，而是引爆思维的实验室。这就意味着教育必须尊重学生身心发展的需要，我们的教育旨在发掘学生的好奇心、专注力、想象力和辨别力，尽可能让学生的自身成长规律发挥作用，教育只是一个外部引导、内部发现并最终让学生走向自己的过程。"品质课堂"正是在上述理念下探索出的一种教学模式，它追求"四个解放"：解放学生的大脑、解放学生的心灵、解放学生的双手、解放学生的思维。品质课堂遵循"心中有标、胸中有材、脑中有法、目中有人"这 16 字方针，遵守课堂即对话这一基本原则。"品质课堂"以"自主备学—小组互通—班级共论—集体检测"四板块为主要流程，是一种以思维生长为外现的教学法。自主备学是运用以前经验，借助课程资源对学习内容进行初步梳理，让学生基本掌握知识内容。小组互通以问题情境为导向，运用合作探究解决深层次教学内容。班级共论是教师运用个体思维的本原性与群体结果的多样性就知识内容形成对话式深度碰撞课堂，使课堂有生机与灵魂，有创造与否决。集体检测灵活运用教师抽检、组长督检、学生互检、全班同检等方式，生成高效检验课堂，促成目标实现。"品质课堂"的板块流程，以"块"为教学单位，改变了传统的线性教学思路，变收效甚微的单一知识灌输为综合素质培养，以"块"为单位少了预设与封闭，使教学过程丰富多彩、灵动无比，给师生的课堂预留了展示生活经验和生命体验的时空，使学科核心素养落实成为可能。"品质课堂"使我校的课堂教学逐步摆脱无效、低效，由"记忆水平"向"对话水平"进而向"思辨水平"推进，从低效走向高效，成为从根本上减轻学生过重负担，培养学生核心素养的主阵地。

3. 构建多元品质教育评价体系

品质教育课程以"为学生的成才奠基，为学生的幸福铺路"为主题，以"身心和谐，德才并举，个性与社会性相融，根脉传承与国际视野共生，培养'五品少年'"为目标，以"尊重生命、注重学力、全面发展、自我养成"为基本理念，构建品质教育多元评价体系。品质教育多元评价体系，以培养"五品少年"为目标导向，人手一套个性化发展目标评价卡，把目标分为长远、阶段、近期三个层次：长远目标即理想，即为学生做生涯规划，对自己人生的职业、生存的一个基本定位，有远大志向和崇高理想。阶段目标即初中毕业后做什么人、干什么事、上什么学，是长远目标的具体化。近期目标即一个月、一学期、一学年的成长目标，近期目标是学生每一天、每节课、一言一行的发展引领与标准。对"五品"分解细化，做到落地，分阶段分解出 5 项一级指标，15 项二级指标，30 项三级指标对学生进行引领考核评价。品质教育评价方式与分数评价、等级评价有本质区别。品质教育评价关注学生个体成长，关注学生进步状态、关注学生全面和谐发展，做到了质量监测常态化，问题发现及时化，改进策略实效化，学生发展素养化。

（三）打造高品位教师队伍　成就品质教育拔节长高

我一直认为，在教育诸多因素中，教师队伍应为第一要素。教师队伍是教育的第一资源，是学校的核心竞争力。习近平总书记说："一个人遇到好老师是人生的幸运，一个学校拥有好老师是学校的光荣，一个民族源源不断涌现出一批又一批好老师是民族的希望。"师资优，学校兴；学校兴，教育强；教育强，国家旺。建设一支师德高尚、业务精湛、结构合理、充满活力的高品质专业化教师队伍，才能落实立德树人，才能真正培养高品质人才。

品质教育倡导教师有"高洁情怀、高尚品德、高深学识、高超技艺、高级趣味"，其目的是让教师诗意而幸福地工作，在学校文化价值观熏染中发展成长，在崇高的共同愿景中坚守教育的理想信念和追求。为打造一支高品位的教师队伍，我校紧紧抓住教师队伍建设的重点、难点、热点，着力做好以下工作。

一是完善教师增补机制，着力解决数量够用的问题。建立健全编制统筹调配机制，县教育局在核定教职工编制总额内，能按照班额、学生人数等情况统筹分配并适时调整。落实由教育行政部门牵头、人事部门负责审核、指导、监督的教师公开招聘工作机制。积极探索教师"县管校聘"，严禁挤占、挪用、截留教师编制，严禁随意抽调、借调教师。通过每年向高校毕业生引进、全县教职工中招考、优秀教师直选等方式有效增补教师，确保教师数量稳定，学科结构更加合理。

二是实施好"三名工程"。"一批好教师就是一所好学校"，学校管理人才稀缺，懂教育的专家极少，导致教育管理始终粗放，学校内涵发展始终在低水平徘徊，教育质量提高一直缓慢。如何打造一支名校长、名班主任、名师队伍？学校制定教师培养规划，创造性地建立了教师专业发展的"五级空间站"（青优、名优、高级、特级、专家级），把爱教育、懂教育的年轻干部纳入培养体系，平时加强培养，急时招之能来，来之能用；加强教师继续教育培养培训，借助专家智慧，采取"走出去，请进来""上挂职，下锻炼""外考察，内培训""既拜师又带徒"等多种方式，培养锻炼干部和培训名师；打通名师、名校长和骨干教师成长和进出口通道，在教育干部选拔、任用上真正能体现能者上、中者让、庸者下，让想干事的人有希望，干成事的人不失望，培养一大批有教育情怀、有高尚师德、精教学业务、长学校管理的名师、名校长和骨干教师队伍。

三是要建立科学的教师考核奖励激励机制。教师履职考核优秀者，在名誉、薪酬等方面尽可能给予，如设立教育特殊津贴、设立名师、名校长工作室专项经费、按上级政策解决好农村教师待遇和住房等，让名师、名校长的待遇得到不断改善，让教师"进得来、留得住、教得好"。近三年来，邀请全国学科名师传经送宝 10 余场，在全国、省、市、县获奖项教师达 212 人次，县以上骨干教师占比达到了 23%，锻造了一支高品位的专业化创新型教师队伍。

（四）狠抓高品质教学管理　促进品质教育开花结果

教育质量是学校发展的生命线，也是品质教育的量杯。薄弱学校如何在较短时间内突破管理瓶颈，培育优良校风，实现提质增效？

一是加强环境整治，创建优良校区，让师生"可教可学"。薄弱学校教育质量不高存在的主要问题是：教学环境不优、教学管理不严、教学风气不良、教学方法不当等。如何创建优良校区，为师生提供一个良好的教学环境，让教师"可教"学生"可学"？我们主要采取了以下措施：首先，积极改善教学环境。投资 2 千多万元新建田径场、篮球场；新建标准计算机室、录播室、梦想教室、未来教室；对教室、功能室、寝室、食堂进行全面装修；高标准打造"三香校园"（书香、墨香、花香），为师生创建了一个集绿化、美化、净化、文化、现代化于一体的校园教学环境。

其次，彻底整治外部环境。加强校园周边环境整治，协同相关部门重拳打击在校内寻衅滋事影响师生教学的违法犯罪行为，切断学生与社会闲散人员的联系，斩断伸向学校师生的校外"黑手"，让师生教学不再受外界的干扰和影响，安心工作、学习。最后，切实减轻师生教学负担。在教学管理中，减少不必要的会议，减少不重要的检查、减少无实效的培训、减少无意义的活动。积极为师生创建宽松、和谐、愉悦的教学氛围，让教师沉下心来教书，让学生静下心来学习。通过对校内外软硬环境的治理，客观上为师生创建了优良的教学环境，实现了师生"可教可学"。

二是加强师生管理，营造优良校风，让师生"勤教勤学"。提高教育质量有方法可以探索，但教育质量的提高绝对没有捷径可走。唯有教师勤教，学生勤学，才有优良质量。为此，我们采取了以下措施：加强师德教育，通过政治业务学习、师德师风主题教育、党风廉政警示教育、严格执行学校教师管理制度等措施，扎实开展师德师风教育活动，传递教书育人正能量，让教师明事理、懂规矩，严守师德规范，把主要精力用在教书上，切实做到教书育人，为人师表；加强学生养成教育，为改变学生上网吧、打架、抽烟、逃学、早恋等不良行为，学校制定了《松桃民族寄宿制中学学生管理十条禁令》《松桃民族寄宿制中学安全管理十项规定》《松桃民族寄宿制中学班级管理考核办法》等规章制度，同时在管理的不同阶段根据学校存在的突出问题实施专项整治。通过持续不断的措施接力和高效整治，学生违规违纪现象得到了彻底治理，学生注意力转移到了学习上。加强教学常规管理。为让师生行为有标准，我校印发《松桃民族寄宿制中学教学常规管理手册》，对教师备、教、批、辅、考等教学常规进行系统修订；出台《松桃民族寄宿制中学学生一日常规》，对学生日常行为进行系统养成教育。通过对师生教学常规的规范定制和严厉监管，师生思想行动都统一到了教学上来，真正让师生为获得优良教学质量而"勤教勤学"。

三是强化奖励导向、实现榜样激励，让师生"乐教乐学"。如何调动教学工作的积极性，让教师乐教，学生乐学？学校走好三步棋：强化质量目标导向。强化教师教学目标，对各班各科各项指标责任到人，实行教师晋级、评优、评职称教学质量"一票否决"。在学校，没有教学质量就没有发言权，没有教学质量就没有"领奖台"，没有教学质量就没有"工作台"。强化学生学习目标，各班主任与学生一起制定每次考试学习目标，严格考试环节，每次考试后学生对照目标分析总结，提出应对和整改措施，未达目标，教师及时找学生谈话谈心并进行一对一单独辅导。双向目标的确立，让师生心往一处想，劲往一处使。兑现教学奖励。学校通过设立"教学质量综合考评奖""教学质量特别贡献奖""中考教学质量奖""年度评优评模奖"等奖励机制来调动教师工作积极性。这些奖励措施的出台和兑现，让学校逐步形成了教师不甘落后、想上课、想辅导、上好课的教学氛围，教师的教学不再是在苦海中劳役，而是在快乐和价值体现中感受幸福。同时，通过举行"每期一次优秀学生评选表彰大会"、每年举办"学习明星光荣榜宣传展览"、创建"历届杰出学生榜样墙"、汇编"学生成长蜕变档案袋"，让学生看到身边榜样，受到激励鼓舞，增加了学生的学习信心和上进心，让学生感受到了学习的快乐。打造学习交流平台。通过创建"晨帆文学社"、开放"三味书屋"、组建读书互助社、成立"梦想艺术团"、成立"儒雅书画院"、举办文化艺术节，为师生搭建学习交流平台，师生真正实现了"乐教乐学"。

四是强化教研教改，推进方法创新，让师生"会教会学"。培养学生自主、高效学习历来是教育者的最高追求。为此，我校高度重视教研教改，始终以教改为突破口、对目标教学、洋思教学等教学模式进行研究，结合我校学生实际不断创新教学方法，推进学法创新。学校教师对教研教改表现出极大激情，全校教师承担县级以上教改实验46项，教师自编教辅教材22本，县级以上骨干教师、名师62人，研究型教师团队基本形成。通过不断的探索实践，我校英语学科总结的"听说领先、读写跟上"、数学科提炼的"勤思多练，深入浅出"、语文科得出的"做中学、玩中学"等学科教学模式得以成型推广，师生在教改实验中教得更轻松、学得更快乐,真正实现了"会教会学"。高品质的学校管理提升了学校内涵发展,品质教育理念在学校管理过程中得到更好的实践,让品质教育开花结果。

(五)打造家校共同体助力品质教育家校合作新样态

家庭和学校是对学生成长影响最大最直接的两个场所,品质教育就学校建立家校同盟,借力社会资源,形成家庭与学校共学共享、平等尊重、相互支持,共同进步,实现学校持续发展作了探索。一是建立组织机构及平台。组建家长委员会。建立由班到级到校"三级"委员会,每级委员会由 7~15 人组成,设立委员会主任、副主任、各委员,任期一届。组建家校平台。积极推进"线下百分百 + 线上零距离"家校平台,坚持做到线下"四必访":新生必访、困难家庭必访、特殊学生必访、突发事件必访;线上"四平台":班级微信群、学校公众号、家校大讲堂、家校咨询热线。平台的建立实现了家庭教育指导在时空上的无缝对接,为家庭教育活动开展提供组织保证。二是开展家校教育活动。学校组织召开家长会、家庭教育讲座、家长约见沟通、教师家访等,让家长理解学校、支持学校。家长通过担任学校兼职教员、承担学校部分管理者、协助学校开展志愿者活动,深度参与学校课堂教学活动,成为学校建设的一分子。三是构建家校共同体,家长委员会参与校政决策,家长代表审议学校规划计划、列席教职工代表大会、向其他家长传达校务会精神、参与校服采购、食堂监管、资料征订、收费监督等学校重大决策,家长成为学校的主人,共同办学、荣辱与共,通过相互学习、支持协作、共建共享,实现同步发展,全面提高。几年来,品质教育赢得了学生喜欢、家长认同、政府满意、社会尊重。在家长委员会的主持下,家长参与教育兴趣越来越浓,家长教育管理水平越来越高,家长对学校工作的认可度越来越高,家长更理解学校的育人理念,更尊重学校的决策决定,更尊敬教师的工作,一个有共同愿景、团结协作、同步提高的家校共同体已形成。

近七年来的品质教育探索实践,四中打造了五张名片:一是品质生源。学校是贵阳一中优质生源学校、铜仁一中重点生源学校、松桃一中品牌生源基地，数以万计的优质毕业生有了就读优质高中的机会。二是品质环境。学校办学条件从无到有、从旧到新、从荒到美，集绿化、美化、亮化、文化、净化、现代化于一体，具有书香、墨香、花香，建筑大气典雅、文化深厚浓烈，设备先进，办学条件一流。三是品质师资。全校现有高级教师61名，省名校长1人（培养对象），有省、市名师9人，县级骨干教师30人，中考、县期考、单元测试命题教师21人，获市、县以上表彰的优秀教师36人。四是品质管理。优良校风逐步形成，学校四年荣获铜仁市教育系统先进集体，连续五年荣获松桃苗族自治县教育目标管理先进单位，学校是全国足球示范校、全国排球示范校。五是品质质量。学校教育质量不断提高，每年中考考入省级一类示范性高中110人以上，500分以上超400人，省级示范性高中录取率达78%。四年荣获铜仁市城区公办初中教育教学质量先进单位，连续五年荣获县一类校教育质量一等奖。教育教学质量如一面旗帜在松桃苗乡上空高高飘扬。

品质教育——每个人都高品质。这是一个教育者的梦想，也是我毕生追求的方向。有道是：路虽远行将必至。一世梦，一生情，一个信念。去走，一定能到。